마음MIND

마음

초판 1쇄 인쇄	2024년 04월 30일
초판 1쇄 발행	2024년 05월 16일
신고번호	제313-2010-376호
등록번호	105-91-58839
지은이	김요섭
발행처	보민출판사
발행인	김국환
기획	김선희
편집	조예슬
디자인	다인디자인
ISBN	979-11-6957-164-7 03810
주소	경기도 파주시 해올로 11, 우미린더퍼스트@ 상가 2동 109호
전화	070-8615-7449
사이트	www.bominbook.com

• 가격은 뒤표지에 있으며, 파본은 구입하신 서점에서 교환해드립니다.
• 이 책은 저작권법에 의하여 보호를 받는 저작물이므로 무단 전재와 복사를 금합니다.

뉘우치고 • 미소지며 • 명상하는

마음
MIND

• 김요섭 지음 •

추천사

"오늘 내게 성실하였는가?"라는 첫 질문을 던진 작가 김요섭은 이 책을 통해 좋은 삶을 살기 위한 세 가지 마음을 이야기한다. 바로 뉘우치는 마음, 미소짓는 마음, 명상하는 마음이다. 작가의 철학이 글 안에서 '뉘우침과 변화 그리고 마음의 평화'라는 구체적인 주제의식으로 어떻게 형상화되고 있는지를 살펴보았다. 작가 김요섭은 이 주제의 여러 마음을 통해 '용서와 화해 그리고 변화'의 윤리학을 이야기한다. '변화되길 바란다면, 노력을 하세요'에서 자신의 눈을 멀게 하는 탐욕과 나태함을 인정하고, 더 나아지길 바란다면 끊임없이 노력하라고 말한다. 자신의 모자란 재능에 실망하기보다는 껴안고 인정하면서 변화의 소리를 듣고, 그 소리를 통해 얻게 되는 깨우침으로 삶의 자유와 뉘우치는 마음은 불가분의 관계임을 이야기한다.

그는 나아가 미소짓는 마음에서 삶의 여러 가지 행복과 소중함이 무엇인지 보여준다. 또한 화합하는 마음이 인간 공동체의 사랑과 자유를 회복하고자 하는 시작임을 말한다. '내게 심어진 작은 콩 한 톨의 사랑'에서 작가가 말하고자 하는 미소짓는 마음은 선명하게 보인다. 어릴 적 선생님이 나눠주신 콩 몇 알에 심어졌던, 인생을 향한 자신감과 따스함은 사람 사이 작은 마음 하나가 이어주는 공동체적 사랑이라 말하고 있다. 글 곳곳에서 매순간을 소중히 여기며 행복하게 살고자 하는 작가의 삶의 철학이 느껴진다.

세 번째 삶 '명상하는 마음'은 어떻게 살 것인가에 대한 작가의 삶의 방향을 볼 수 있다. 서로의 잘못을 인정하고 사과하며, 그것을 받아들이고 용서하는, 화해의 윤리학이 되어야 함을 보여준다. 작가의 경험에서 '과거를 기억하고 이야기하기'가 이해와 명상하는 마음의 시작됨을 이야기한다. 또한 보통 사람들이 삶을 지탱해 오고 있는 지혜의 힘인 '해원解冤'에 이를 수 있음을 보여준다. 작가는 여기서 한 걸음 더 나아가 '뉘우치는 삶의 정서'로서 서로의 잘못을 인정하고 이해하며, 그리고 잊어주는, 미소짓는 넉넉한 마음이 삶이라는 먼 길을 함께 가는 법이라고 이야기하고 있다.

2024년 5월
편집장 **김선희**

목차

추천사 • 4

제1장 뉘우치는 마음

01. 오늘 내게 성실하였는가? • 12
02. 변화되길 바란다면, 노력을 하세요 • 15
03. Why don't remember to your future? • 17
04. 아버지라고 불리는 그가 없지만 • 20
05. 내 마음의 가지치기 • 23
06. 시골 꼬맹이들 겨울나기는 하나도 춥지 않았다 • 26
07. 누군가를 그리워하고 기억한다는 것 • 29
08. 늦게 피는 꽃은 있어도 • 31
09. 1984년, 가을 시화전 • 34
10. 1시간의 수업을 준비하고 발표하면서 • 38
11. 껍데기는 가라 • 41
12. 내로남불 • 43
13. 외상값을 떼먹어? • 45
14. 성수대교 붕괴(깨어 있는 공무원 하나가 없어서) • 49
15. 남을 해치는 말은 입 밖에도 내지 마십시오! • 53
16. 내 안의 문제를 밖에서 찾는 단단하지 못한 마음 • 55

17. 인생의 모든 길흉화복은 만나는 사람으로부터 시작된다 • 58
18. 인생을 매직처럼 • 63
19. 사진이 없다고 추억이 사라지는가! • 65
20. 창립 5주년 기념일을 자축하며 • 68
21. 흡연(담배)에 대하여 • 73
22. 속지 말자 화장발! 다시 보자 조명발! 믿지 말자 사진발! • 76
23. 인물(故 안효익 고문) • 79
24. 천적과 갑을관계 • 82
25. 영등포 하숙집 • 85
26. 고양이(군복무 기간 동안 내가 없는 빈자리를 지켜준) • 87
27. 우리 가게에는 감정 노동자 둘이 있다 • 89
28. 아내에게 보낸 편지 • 92
29. 소풍 • 103
30. 이 세상 모든 것이 사라진다 해도 • 106
31. 존재하는 것만으로도 감사하고 • 113
32. 멀티태스킹Multitasking(정신 똑바로 차리고 살자!) • 115
33. 이별이 슬프다 • 118

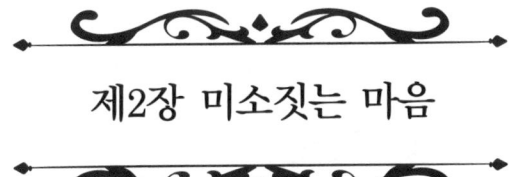

제2장 미소짓는 마음

01. 내일 할 일을 오늘 당겨서 하자 • 122
02. 자랑하게 만들자! • 125
03. 성공은 그만두지 않음에 있다 • 128
04. 내게 심어진 작은 콩 한 톨의 사랑 • 130

05. 인연 • 133
06. 가난한 식단이 건강하다 • 135
07. 숨길 것도 없는, 32년 만에 쓰는 운전면허 취득 수기 • 138
08. 장학사님이 교육청으로 부르시다니 • 141
09. 둘이서만 아는 비밀 • 144
10. 도자기(도서관 자리 잡기)를 아시나요? • 146
11. 엑소더스 The Exodus • 149
12. 메기나 건빵 • 152
13. 우리들의 그리움이란? • 155
14. 진시황이 부러울소냐! • 158
15. 청소시간 • 161
16. 아주 재미난 군대 목욕 • 164
17. 펜팔 • 167
18. 가곡(고향의 노래를 부르며) • 170
19. 개미와 베짱이 • 173
20. 어뗘~ 시원햐~~? • 175
21. 반려견 덕구와 단추 • 178
22. 개 팔아 기타를 사다 • 182
23. 다시 태어난다 해도, 지금의 아내를 선택하시겠어요? • 185
24. 김 병장, 첩자 되다 • 188
25. 한강이 미소짓게 하는 것 • 190
26. 정치인의 반은 협잡꾼이다 • 193
27. 앞치마만 둘러도 행복합니다 • 196
28. 서울특별시 강남구 논현동 204번지 • 199
29. 대통령 입후보 출마 자격검증시험 • 201
30. 자전거 • 204
31. 방범뺙도 뺙인가? • 206
32. 네가 먹으라고 해서 먹는 거다 • 208
33. 재롱할배의 특기 • 210

제3장 명상하는 마음

01. 인생에서 무엇을 이루고자 하였는가? • 214
02. 일을 한다는 것 • 216
03. 1 + 1은 2다 • 218
04. 그대 무엇을 동경하는가? • 221
05. 태도와 자세는 어떠한가? • 224
06. Happy Ending(엔딩이 중요해~) • 226
07. 쓰는 언어에 사람 속이 보인다 • 229
08. 살기 위해 먹는가! 아니면 먹기 위해 사는가! • 233
09. 유토피아 세상을 꿈꾸며 • 235
10. 빛 좋은 개살구 • 237
11. 진흙 속에 핀 저 연꽃은 곱기도 하지 • 239
12. 해바라기 • 242
13. 신데렐라 효과(Effect) • 245
14. 건강은 건강할 때 지켜라 • 248
15. 왜? 철학을 가르치고 공부해야 하는가? • 251
16. 여행, 나에게 주는 마지막 선물은? • 254
17. 왜 사냐고 묻거든, 그냥 웃지요 • 258
18. 수행자(명상, 묵상, 기도)의 수행하는 즐거움 • 261
19. 요셉아! 더러운 것을 깨끗하게 해주는 그 일은 거룩한 일이다 • 263
20. 행복의 비결은 무엇일까? • 266
21. 주교님과의 면담 • 269
22. 종교는 수레다 • 278

23. 당신은 누구?(성경 속 등장하는 인물 중) • 281
24. 인생이 연극이라면? • 285
25. 토황소격문(책사) • 288
26. 바쁠 때 부지런함은 더 활성화된다 • 291
27. 좌우명(마음 다짐의 글귀) • 293
28. 집 짓는 자들 내버렸던 그 돌이 • 295
29. 이데올르기Ideologie가 필요한가? • 297
30. 묵상默想, Meditation • 299
31. 분노조절 장애와 나무로 만든 닭, 목계木鷄 • 302
32. 시골쥐 서울 가다 • 306
33. 나 가고 없거든 • 309

글을 마치며 • 311

제1장

뉘우치는 마음

01

오늘 내게 성실하였는가?

하루하루 일상의 삶을 살아가면서 무엇을 하고, 무엇을 먹고, 약속된 일과 계획을 실천해 나가며, 어떻게 시간을 분배하여 하루를 보낼지 고민하고 생각하며 살아간다. 평상시의 생활습관대로 서두를 때도 있고, 느긋할 때도 있고, 하루가 빨리 지나간다고 느낄 때도 있고, 시간이 왜 이리 안 지나가는지 지루한 듯 시간을 보낸 적도 있다. 시간이 달리다가 걷다가 하는 것은 아닐 텐데 말이다.

시간의 흐름이 방문 틈 사이로 망아지 한 마리가 달려 지나가는 것보다도 빠르게 지나가는 게 인생이라더니, 그렇게 하루가 한 달이 되고, 한 달이 1년, 3년…… 지나온 과거를 생각하고 지금의 자신을 돌아보면, 세월의 빠름을 다시 한번 실감하고 느끼게 된다. 해마다 연말연시에는 더욱 그렇다.

그런데도, 앞으로 20~30년을 더 살아야 한다고? 5년 후, 10년 후의 모습은, 곧 내게 들이닥칠 것 같은 손님처럼 느껴져 "어떤 밥상을 차려놓고 준비해야 할까?"라고 하는 조급한 마음이 들기도 한다. 이렇게 지금처럼 의미 없이 살아갈 것인가!

지금까지 잘 살아왔다고 말할 수 없다면, 방법을 찾아 보람되고 후회하지 않을 인생을 살아가야 한다. 비록, 그것은 나 혼자만의 생각은 아닐 것이다. 생각은 하지만 그것을 구체화하여 실천을 하지 못하니 미래의 나를 맞이하여 차려놓을 밥상이 없게 되지는 않을까? 걱정이 들기도 하지만 그것조차도 의식하지 못하고 살고 있다. 보통의 인생이 그렇다고 본다. 우리보다 앞서 살아간 세상의 유명인사들도 이야기한다. 후회하지 않을 인생을 살아가라고!

누군들 후회하지 않고 살아가고 싶지 않겠는가? 모두가 원하는 것이다. 후회하지 않을 인생으로 잘 살아가고 싶다. 잘 살았다고, 행복하였노라고 말하고 싶다. 말할 수 있어야 한다. 그러려면, 여러 가지 방법들이 있겠지만, 한 가지만 실천할 수 있다면 후회하지 않을 수 있을 것 같다.

성실! 성실하게 살자. 어영부영하지 말고 매일매일의 일상을 성실하게 대하고, 시간 시간에, 매시간에 성실하자. 놀아도, 잠을 자도, 밥을 먹고 일을 해도 매사에 성실하자. 시간을 허투루 사용하여 허송세월 보내지 말고, 후회하지 않으려거든 성실하게 살아가자. 내게 주어진 일상의 모든 시간에 의미를 부여하며 성실하게 살아가겠다고 다시 한번 다짐해본다.

내 마음의 영성 노트·오늘의 묵상글

> 정신에 영원하신 하느님을 모시고 행동을 할 때에 그 행동이 성실합니다.

02

변화되길 바란다면, 노력을 하세요

당신, 변화되길 바란다면, 노력을 하세요. 노력이라는 것이 사람을 어떻게 변화시키는지, 이영표 선수가 줄넘기 2단 뛰기 1,000번을 2년 동안 매일 하면서 노력과 꾸준함으로 얻은 자신의 변화된 모습에 대해 이야기하는 것을 들었습니다.

노력이 재능을 이긴다. 맞습니다. 노력이라는 것! 사람은 누구나 각자의 인생을 살아갑니다. 그리고 자신이 생각하고 추구하는 방향으로 성공이라는 목표를 정하여 돌진하고 있습니다. 그렇다고, 모두가 성공이라는 목표를 얻지는 못합니다. 달성하지는 못합니다. 도달하지는 못합니다. 그것은 끝까지 하지 않았기 때문이며, 포기하였기 때문일 것입니다. 그것은 비가 올 때까지 제사를 지내는 인디언식 기우제처럼 비가 오기를 기원하는 그들의 기우제가 비가 와야만 끝나기 때문에 그들의 기우제는 무조건 성공하게 되어 있습니다. 될 때까지 하거든요. 당신도 마찬가지입니다. 될 때까지 하면 됩니다. 하지 않아서 안 되는 것입니다.

무엇이라도 꾸준히, 꾸준히 도전해보십시오. 놀라운 일이 벌어질 것입니다. 똑똑똑! 떨어지는 물방울이 바위를 뚫을 수 있었던 것은 꾸준함 때문이라고 하지 않았나요? 절대 포기하지 말고 이를 악물고, 조급해하지 말고, 서두르지 말고, 결실을 빨리 얻으려 하지 말고 노력이라는 것이 사람을 어떻게 변화시키는지, 이제 당신이 할 차례입니다. "당신의 노력을 보여주세요" 변화되길 간절히 아주 간절히 바란다면.

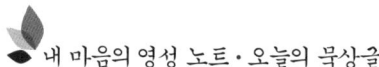
내 마음의 영성 노트 · 오늘의 묵상글

> 아기들은 천진난만한 영혼, 어린이들은 파란 영혼, 젊은이들은 분홍빛 영혼, 의인들은 금빛 영혼, 죄인들은 새까만 영혼들이다. 천진난만한 영혼들에게는 미소를 보내는데, 그것은 천사들에게 미소를 보내는 것같이 생각되기 때문이다. 그리고 착한 젊은이들의 분홍빛 꽃과 파란 꽃에서는 쉬고, 의인들의 영혼에서는 즐긴다. 그리고 죄인들의 영혼은 귀중하고 빛난 영혼이 되게 하기 위하여 애를 쓰고 괴로워한다. 얼굴은? 몸은? 그것은 아무것도 아니다. 나는 영혼을 통하여 너희들을 알고 또 알아본다.

03

Why don't remember to your future?

왜 미래를 기억하지 못하는가? 미래를 어떻게 기억해? 과거의 일을 기억하는 것이지, 발생하지도 않은 미래를 어떻게 기억한다고 해? "왜 미래를 기억하지 못하는가?" 스티븐 호킹 박사의 말이다. 미래는 당연히 기억하지 못하는 것일 텐데, 기억을 못하느냐고 야단을 치는 듯, 왜 너는 모르고 있느냐고 묻는 듯하다. 이 단어의 문구를 처음 접하고 느꼈던 생각이었다. 꽤 오래전에 적어놓았던 문구로 생각날 때마다 이해하려 하였지만, 아직도 미래는 기억의 범주가 아닌데, 라고 하는 고정관념이 생각을 확장시키지 못하고 막아선다. 내 사고의 한계일 것이다.

우리는 먼 미래라고 하면 1년 후, 10년 후를 미래로 생각한다. 다가올 내일 아침도 미래고, 1시간 후도 미래일 텐데 (어, 그러고 보면 1분 후, 1초 후도 미래이지 않나?) 1초 후인 미래가 벌써 현재가 되었네. 그런데 아직 도래하지 않은 1시간 후, 30분 후는 계속 밀려 남아 있지만 결국 1시간 후, 30분 후는 미래의 시간이지 현재의 시간이 되지 않고, 그 시간 간격을 유지하며 현재로부터 일정한 거리인 1시간의 간격, 30분의 간격을 유지하며 현재와 멀어져 있다.

시간은 흐르고 멈추고 하지 않는다. 그냥 존재하는 것이다. 눈에 보이는 건물처럼 시간은 보이지는 않지만 존재해 있는데, 내가 지나오고 지나가는 것이다. 시간은 거대한 무한대의 터널이다. 지구와 우주 전체를 둘러싼 공간에 보이지 않고 존재하는 단지 시계의 분침! 초침이 차칵차칵 움직이는 이동으로 시간이 흐른다고 보이는 것이다. 지구의 자전과 공전으로 태양 주위를 돌고 있는 것인데, 우리의 눈에는 태양이 뜨고 지는 것으로 보이기에 그렇게 믿고 있지 않았던가?

지금이 아침이라면 당신은 오늘 저녁에 무엇을 할지, 어디에 있을지 알고 있는가? 모르고 있는가? 일주일 후 나는 친척의 결혼식에 참석해야 한다. 시간과 장소를 알고 있다. 그곳에 갈 것이고, 기억을 하고 있다. 미래의 시간을 기억해야 한다. 왜 미래를 기억하지 못하는가? 라는 말의 뜻을 이해할 수 있는가? 축구를 좋아하는 꿈돌이 소년이 있다고 하자. 소년은 유명한 축구선수가 될 것으로 믿고 지금 열심히 운동 연습을 한다. 미래의 어느 시점에 유럽의 프로경기에 뛰고 있을 자신의 미래 모습을 기억한다. 기분 좋은 상상이다.

예를 들면, 나는 나의 미래를 이렇게 기억하고 있다. 2024년 5월 16일, 책을 출간하여 출판기념회를 한다. 초청 인원은 60명이고, 장소는 ○○호텔! 미래에 대한 행복한 기억이다. 왜 미래를 기억하지 못하는가? 당신은 이제 행복한 미래를 기억할 수 있어야 한다.

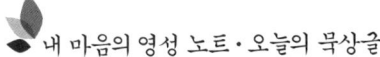
내 마음의 영성 노트·오늘의 묵상글

> 죄지은 형제를 욕해서는 안 됩니다. 누구나 다 죄가 있습니다. 재물을 탐하지 마시오. 여러분의 보물이 여러분의 영혼이어야지 돈이어서는 안 됩니다. 거짓 맹세를 하지 마십시오. 여러분의 말은 여러분 행위와 같이 순수하고 정직해야 합니다. 이 세상 생명은 영원하지 않고 죽음의 시간이 다가옵니다. 여러분이 죽을 때에 여러분의 영이 평화로울 수 있도록, 의인으로 산 사람과 같이 평화로울 수 있도록 살아가십시오.

04

아버지라고 불리는 그가 없지만

　아버지라고 불리는 그가 없지만, 아버지라고 불리며 살고 있다. 나의 부친은 1930년생이시다. 지금까지 살아 계셨다면 아흔넷의 연세이시겠지만, 군대를 제대하던 1987년 그해 11월에 돌아가셨다. 지병인 당뇨와 간경화의 합병증으로 병원에서도 치료가 불가하여 퇴원하신 후, 보름도 못 사시고 돌아가셨다. 지금 살고 있는 이 세상에서는 다시 볼 수 없는 먼 곳으로 떠나가셨다.

　아버지에 대한 수많은 기억 중 하나는, 초등학교 때에 우리는 삼보상회라는 옷가게를 하였는데, 아버지는 거의 매일을 가게에서 주무셨다. 아침 해가 뜨기도 전에 문을 열고 가게 앞에 물건을 (좌판을 만들어 궤짝을 놓고 그 위에 나무로 만든 가게 문짝을 여러 개 엎어놓은 후 포대기 같은 넓은 천을 깔고 상품들을) 진열한다.

매일 그렇게 문을 열고 영업이 끝날 때는 다시 집어넣고 장대로 옷걸이를 걸고 내리고 하시었다. 가게에서 어쩌다 한 번 아버지와 함께 잠을 자게 되면 나를 꼬옥 안고 주무셨는데, 잠을 자다 깨면 아버지의 숨 쉬시는 콧바람이 얼굴에 내리꽂아 잠을 설치기가 일쑤였다. 그래서 가게에서는 가급적 잠을 안 자려 하였다.

아버지는 4남 1녀의 셋째 아들로 태어나셔서 그 연배의 어르신들이 모두 그러하셨겠지만 젊은 시절 6.25동란을 겪으신 아픔을 가지고 살아오신 분이셨다. 생사를 넘나드는, 먹고살기도 힘든 격동의 시대를 지내온 세대와 지금의 세대가 서로를 이해하기란 어려운 일일 것이다.

아버지가 가끔 생각난다. 걱정스러운 눈빛으로 항상 우리들을 바라보시며 하시는 말씀이 "내가 없으면 너희는 개밥에 도토리여"라고 하시었는데, 그렇게 자녀들 걱정에 어떻게 눈을 감으셨는지 너무 안타깝다. 군 복무를 마치고 제대하여 복학을 준비하던 해에 돌아가셨으니…… 지금의 내 나이에서 자식을 바라보셨을 그 당시 아버지의 마음을 생각하니 안타깝기 한이 없다.

가을의 끝자락에, 아버지가 돌아가신 그해 상주로서 베옷을 입고 조문객들을 맞이하며 장례를 치를 때는 정신이 없어서 힘든 줄도, 슬픔도 모르고 아버지가 떠나셨다는 게 믿기지 않았었는데,

시간이 지나고 흐르면서 새록새록 슬픔이 묻어나며 아버지의 얼굴이 지금도 떠올려지곤 한다.

아버지가 돌아가신 그해, 겨울을 준비하기 위해 기와집 구들장에 연탄 아궁이를 사용하던 주택이어서 겨울이 오기 전 문틈의 바람을 막을 비닐과 쫄대를 달아야 했는데, 엉성하게 작업을 하고 있었는지, 뒤쪽에서 "얘, 그걸 그렇게 하면 어떡하니?"라고 말씀하시는 돌아가신 아버지의 늘 듣던 잔소리가 들리는 듯하여 뒤를 돌아 바라보며 쫄대를 달다가 한참을 흐느껴 울었다.

아버지라 부르기나 했나? "아부지"라 불렀지. 아빠라는 말은 우리 어려선 부잣집에서나 쓰는 말이었고, 텔레비전 연속극에서나 듣는 말이었는데, 너무 일찍 돌아가신 아버지를 돌아가실 적 나이로 현실에서 지금 만난다면 이렇게 이야기해주고 싶다. "술 좀 그만 잡숫고, 건강관리 좀 잘하셔. 그러다 일찍 돌아가신다고요" 지금 나는, 아버지라 불리는 그가 없지만, 아버지라 불리며 살고 있다.

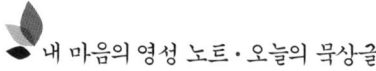
내 마음의 영성 노트·오늘의 묵상글

기도로는 무엇이든지 얻게 된다. 아버지께서는 우리가 청하는 은총을 항상 주지는 않으신다.

05

내 마음의 가지치기

나무는 가지치기를 해줘야 꽃이 많이 열리고, 과실이 풍성해지며, 병충해의 예방에도 효과가 있다고 한다. 눈살을 찌푸리게 하는 사람의 행동을 보면, "어디서 굴러먹던 개뼈다귀야? 매너가 있어야지, 경우 없게 뭣 하는 짓이냐?"라고 소리 지르고 싶다. 하지만, 피하고 만다. 얼른 그 자리를 떠나서 불똥이 튀지 않도록 도망친다.

사람의 심성은 본래 선한 것인가? 악한 것인가? 선악의 기준은 무엇인가? 예의 바름은 무엇인가? 나에게 잘해주고, 내게 긍정적이고, 모든 걸 이해해주고, 포용해주면 매너 있는 것이고, 반대로, 듣기 거북한 말 하고, 불편하게 대하고, 사사건건 지적질하고, 감정을 자극하면 매너 없는 것인가?

사람의 천성은 부모로부터 물려받은 유전적인 성질로, 태어나면서부터 부여된 근본 성질이다. 후천적으로도 잘못된 성격이나 나쁜 습관, 버릇 등을 교정하여 바꾸어 나갈 수는 있겠으나, 본래의 것이 감추어져 드러나지 않고 숨어 있는 것이지, 제 버릇 개 못 준다거나 열 길 물속은 알아도 한 길 사람 속은 모른다, 라고 하지 않았던가.

인간은 사회적 동물이다. 사람을 만나지 않고 상대하지 않으며 살아가는 사람은 없다. 사회 공동체의 구성원으로서 함께 살아간다. 어디 모르는 바다 한가운데의 무인도 섬에 홀로 있다고 생각해보라. 나무나 돌처럼 죽지도 않고 혼자만 있다면, 지금 살고 있는 자신 주변의 모든 이가 사라졌고, 혼자만이 이 공간에 남아 있다면 삶이 의미가 있을까?

부모는 자식을 위해 힘듦을 참고 아낌없이 주고자 하며 뒷바라지로 보람을 느낀다. 우리의 부모 세대가 그랬다. 가지치기로 훈계하여 자녀교육을 하였고, 사회구성원도 동의하여 사랑의 매를 들었다. 모두가 당연하게 인식되었지만, 이제 종아리 때리는 부모나 스승은 폭력으로 신고당하는 세상이 되었다.

말과 행동이 무례하거나 거친 사람으로 비치지 않도록 나무를 가지치기하는 것처럼 나쁜 습관이나 행동을 바꾸기 위한 마음의 가지치기는 필요할 것이다. 마음의 가지치기를 위해 훌륭한 정원사에게 마음을 맡겨보자.

 내 마음의 영성 노트 · 오늘의 묵상글

> 이 세상의 생명은 목적이냐? 수단이냐? 수단이다. 육체의 모든 욕망을 절제해야 한다. 모든 욕망을, 생각의 모든 욕구를 절제해야 한다. 모든 욕구를, 마음의 모든 인간적인 정열을 절제해야 한다. 모든 정열을, 그러나 그와 반대로 하늘에서 오는 정열은 제한을 하지 말아야 한다. 하느님과 이웃에 대한 사랑, 하느님을 섬기고 이웃에 봉사하려는 의지, 하느님의 말씀에 대한 복종, 선과 덕에 있어서의 영웅적인 정신 따위 말이다.

06

시골 꼬맹이들 겨울나기는 하나도 춥지 않았다

 싸우면서 키가 큰다는 어린 시절, 놀이문화도 시대마다 가지각색일 것이다. 자연을 벗 삼아 놀던 어린 시절의 겨울놀이! 냇가의 물이 얼면 또래의 동네 친구들은 얼음판 위에서 놀았다. 수심은 얕다. 빠져도 꼬맹이의 허리도 안 찬다. 꽁꽁 얼은 얼음판 위를 걸어본 적 있는가? 물 위를 걷는다는 게 이런 것인가?

 투명한 얼음 위에서 물속 바닥을 들여다본다. 누워도 보고, 뒹굴어보기도 하고 기분이 기똥차다. 물고기들도 발밑에 보인다. 완전 투명한 유리를 물 위에 설치한 것 같다. 그렇게 얼음이 얼기 시작하여 눈이 내리고 또 얼고를 반복하면 냇가의 얼음판은 하얗게 바닥이 보이지 않고 두꺼운 얼음층이 형성된다. 이제 이곳은 겨울내내 동네 꼬맹이들의 겨울 운동장이 된다.

썰매타기

날이 두 개인 썰매와 날이 하나인 썰매가 있다. 날이 두 개인 썰매는 양반다리로 앉아서 타거나 두 발로 밟고 타거나 한다. 날이 한 개인 썰매는 서서 타야 한다. 썰매를 지치는 막대도 서서 타야 하기에 더 길다. 달리기 시합도 한다.

얼음 공차기

얼음판 위에서 하는 공놀이다. 편을 나눠 골대를 만들고 공을 차는 놀이다. 공이나 있었나? 공 대신 얼음으로 대신한다. 발로 찰 때도 있었지만, 나무막대로 치며 놀기도 하였다. 우리식 아이스하키인 것이다.

얼음배 타고 놀기

얼음배는 겨울의 거의 끝, 얼음이 녹을 때쯤에 하는 놀이다. 얼음을 도끼로 깨서 한두 명이 타도 될 만한 크기로 만든 다음, 가운데 구멍을 내어 장대로 바닥을 밀거나 멈추기도 하면서 물 위에 떠 얼음배를 타고 왔다 갔다 한다. 그러다가 이 놀이의 하이라이트격인 얼음배 싸움을 한다. 서로의 얼음배를 부딪혀 누가 이기는지 싸움을 하는 것이다. 결과는 상상에 맡긴다. 그러고도 놀라운 것은 누구 하나 물에 빠지는 녀석은 없었다는 것이다.

하지만, 겁쟁이 어린 꼬마 녀석은 목이 짧은 장화를 신고 나왔는데, 살얼음이 얼은 얕고 좁은 웅덩이에서 "아이 좋아~ 아이 좋아~" 하며 얼음 위를 동동 구르다 그만 얼음이 깨지며 장화에 물이 찬 것이다. 어쩜 딱 장화가 빠질 만큼의 얕은 물에 빠지게 되었는지, 그 꼬마의 울음소리가 모두를 웃게 만들었다. 평화로운 시골, 꼬맹이들 겨울나기는 하나도 춥지 않았다.

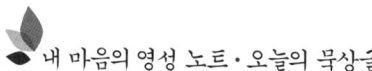
내 마음의 영성 노트·오늘의 묵상글

> 우리 하느님의 거룩하심에 기원할 때마다 그들의 초자연적인 아름다움이 더해진다. 절대로 기도의 보호를 버리지 말아라. 기도에 와서 부딪히면 사탄의 무기와 세상의 악의와 육체의 욕망과 정신의 오만이 무디어진다. 하늘을 열어 거기에서 은총과 축복이 비 오듯 쏟아져 내려오게 하는 그 무기들을 절대로 버리지 말아라.

07

누군가를 그리워하고 기억한다는 것

　살면서, 살아가면서 누군가를 그리워하고 기억한다는 것은, 어쩌면 나를 되돌아보고 아쉬워하는 마음에 잘 살아가고 있는지 반성하고 뉘우침을 갖게 되는 계기가 되는 듯하다. 그리워하는 이, 기억하는 이의 뜻을 되새기며, 비록 그 뜻이 나의 주관적인 것일지라도, 나를 다독이며 살아가게 하는 힘이 된다면 의미 있는 날이 될 것이기 때문이다.

　2013년 6월, 청주 성모병원의 중환자실에서 사경을 헤맨다는 소식을 듣고, 중환자실에서 가족분들과의 면회가 허락되는 잠깐의 시간에 그를 만났다. 의식 없이 누워만 있는 그를, 2022년 5월의 어느 날, 9주기를 맞이할 즈음에 혼자 친구가 잠든 공원묘지를 찾아가 보았다. 어려서부터 함께해 온 지난 시간들을 떠올려본다.

미소와 표정 그리고 즐거웠던 성당에서의 수많은 추억. 소년회, 복사회, 여름방학 캠핑, 성당에서의 체육활동, 군 복무 중 대구 선목신학대학교(現 대구 가톨릭대학교)를 찾아가 만났던 일, 그리고 사회생활을 하며 사제가 된 친구를 만나 잘 살고 있냐고, 사제 생활은 어떠냐고 나누었던 이야기, 세상살이의 고달픔도 친구를 만나 웃음으로 승화한 시간들을 떠올려본다.

따스한 5월의 햇살은 평화롭기만 하다. 모든 죽음 앞에서 인간의 삶은 덧없음을 느끼고, 어떻게 살아가는 게 올바른 삶인가를 고뇌하곤 하지만, 곧 현실에 적응하여 내게 주어진 일상을 맞이하게 된다. 아무 일도 없었던 듯, 그래서 가까운 이들과의 영원한 이별은 더욱 슬프게 한다.

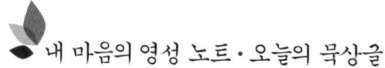
내 마음의 영성 노트 · 오늘의 묵상글

> 어린이다운 영혼을 가지고 있는 사람에게는 하느님께서 당신을 보이시고, 당신의 신비를 보여주신다.

08

늦게 피는 꽃은 있어도

"여보게, 자넨 언제 결혼할 텐가?"
"때가 되면 하겠지요"
"예끼! 이 사람아! 때가 되면 하겠지 하다가는 저기 아래층 이호 할아버지처럼 되려고?"

경리부 사무실은 3층이었고, 4층의 홍보부에 가끔 들려 이런저런 이야기를 나누던 어느 날, 홍보부장님이 내게 물어보신 말씀이었다. "때가 되면 하겠지요" 소양강 처녀라는 노래를 들어보았을 것이다. 반야월님이 작사하고, 이호님이 작곡한 대한민국 가요로 한국인의 대표 애창곡이다. 처음에는 제목을 '춘천 처녀'라고 하려 했으나, 어감이 더 괜찮은 '소양강 처녀'라고 지었다고 한다.

내가 근무할 당시의 한국음악저작권협회의 회원실에는, 가끔 회원님들이 오셔서 담소를 나누신다. 홍보부장님도 시조시인으로 예명이 금나영 작사가님이시기도 하다. 그날도 2층 회원실에 이호님께서 계셨던 모양이다. 사실 그분이 이호님이신지, 이호님이 누구신지 알지 못하고 있었다. 소양강 처녀의 작곡가님이시라고 하셔서 알게 되었다.

자주 협회에 오셨던 것으로 기억된다. 어쩌다 마주쳐 인사라도 드리면 "자네가 경리부에 새로 왔다는 그 남직원인가?" 경리부 직원 모두 여직원이었고, 남직원은 혼자 청일점이었기에 기억하셨던 모양이다. 짜장면을 무척 좋아하셨는데 그러셨던 이호님(1931년생)은 지병으로 별세(60 초반)하셨고, 협회 직원들이 장례식장에서 마지막 가시는 길을 함께해 주었기에 기억에 남는다.

"때가 되면 하겠지요" 막연한 대답이었지만 그 일이 있었던 후 아마도 어떻게 해야 하는지, 결혼을 한다면, 안 할 것은 아니고 등 시기를 놓치지 않으려 했던 것 같다. 30세에 결혼을 하였으니, 그러고 보니 2024년이 결혼 30주년이 되는 해이구나.

30년! 장성한 아들과 딸 1남 1녀를 두고 있다. 둘이 만나 둘을 낳았으니 자연에 돌려준 거 본전치기한 거다. 받은 대로 돌려준 거다. 무엇이든 하려는 의지가 있어야 한다. 동기부여 받아 자신이 스스로 하겠다는 다짐을 하여야 한다. 어떤 일이든지, 그리고 준비하고 때를 기다려야 한다. "늦게 피는 꽃은 있어도 피지 않는 꽃은 없다"

 내 마음의 영성 노트 · 오늘의 묵상글

> 너희들 가운데 유식한 사람과 부유한 사람을 대표하는 사람들까지도 모두 어떤 종교로 빗나갔는데, 그 종교는 너무나 많은 이유로 변질되어서 종교라는 이름만을 가지고 있을 뿐이다. 정말 잘 들어두어라. 자기들이 율법의 아들들이라고 자만하는 사람이 많다. 그러나 그들 중 열에 여덟은 아브라함과 이삭과 야곱의 하느님의 참되고 거룩하고 영원한 율법을 보잘것없고 모호한 수많은 인간적인 믿음에 뒤섞어 놓은 우상 숭배자들에 지나지 않는다.

09

1984년, 가을 시화전

　1984년, 가을 시화전! 장소는 사범대학교 잔디밭 앞에서. 고교 생활과 대학생활의 차이는 많았다. 그중 하나는 고등학교 때는 교실에 있으면 선생님께서 오셔서 수업을 하였지만, 대학교 때는 강의실을 찾아가서 수업을 들었던 게 신기하기도 하고, 재미있기도 하였다. 첫 수업과 이어진 다음 수업 강의실이 너무 멀리 떨어져 있어서 뛰어다녔던 기억도 난다.

　창窓문학 동인회라는 대학교 서클에 가입하여 1~2학년 때 활동을 하였다. 전공은 회계학이었지만 전공과 무관한 문학 서클에 가입한 것이다. 글짓기를 좋아하고 사랑하는 이들의 모임이어서 선후배들과의 교감을 통해 나름 배우고 익힐 수 있었던 젊은 시절의 추억이었다.

3학년 복학 후에는 전혀 활동을 하지 않아 명예 동인의 칭호는 얻지 못하였지만 글짓기의 어려움, 글을 쓰는 작가의 고뇌의 산물인 결과물이 나오기까지 얼마나 힘든 작입인 줄 알게 된 계기가 되었으며, 작가의 명성을 얻기에는 재능이 없음을 알아채고, 작가의 고뇌를 이해하는 수준의 훌륭한 독자로서 남아 있기로 하였다. 신춘문예나 등단이라는 거창한 목표는 얼토당토않은 것이었다. 그저 취미로 글짓기의 어려움을 배우고 느낀 정도에서 만족한 것이다.

　시화전은 교내의 소나무 잔디밭에서 한다. 회원들의 작품을 잔디밭 안의 소나무숲의 나무에 작품을 매달거나 전시를 하여 축제 기간 중에 학생들이 관람하도록 한다. 작품은 회원들이 직접 만들어 준비하고, 그림도 그려 넣고, 글씨도 직접 쓴다. 전시회 기간은 학교 축제 기간과 맞물려 한다. 작품을 보고 가는 학생들은 작품에 꽃을 달거나, 간단한 메모로서 작품평을 적어놓거나 다녀갔다는 증거를 남겨놓곤 한다. 작품평을 남겨놓았는지를 보고, 기다리는 것도 또한 즐거웠던 기억들이다. 이러한 것들도 대학생활의 낭만으로 남아 있다. 대학생활은 자기 주도적으로 해야 한다. 인생도 마찬가지이겠지만, 내가 선택하고 내가 참여하지 않으면 할 것도 없고, 하는 것도 없다. 무엇이든 찾아서 내 것으로 만들어야 한다.

창문학 동인 서클 노래도 있다. 항상 모임의 끝에는 창문학 동인회가를 부르고 끝내곤 하였다. "랄랄랄라~ 랄~ 랄 라라라~ 창문학 동인회 사랑하는 사람들은 안다네~ 우리의 이야기~" 뭐, 요렇게 끝나는 노래이었던 것으로 기억된다. 시화전에 출품한 작품 한 컷이 지금 남은 유일한 흔적이 되어버렸다.

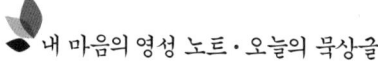

정신의 상처를 고치는 것이 더 어려우니까요. 거룩한 의지로 어떤 정신적인 체질을 없애지 않으시면, 이렇게 나을 수가 없기 때문입니다.

비
- 자유를 구속하지 않은 당신은

이스가리옷 유다 거꾸로
십자가에 죽다
라는 비문은 없다.
아니, 묘도 없다. 그의
옷깃을 구속하지 않은 당신은
의지로 능히 유다의
의지를 꺾을 수 있었을 텐데
유다를 사랑하는 당신은
의지를 구속하지 않았고
그에게 준 비를 우리에게도
주고 있다.
하지만, 사랑하시는 이여
내게 주는 흔들림의 젊음일랑
내 자유와 더불어
그의 묘에 묻어주소서.
여전히
유다의 눈물은 떨어지고 있는데……

회계학과 2학년 **김현묵**

1시간의 수업을 준비하고 발표하면서

　일학습 병행제에 참여한 실업계 고등학교 학생들을 대상으로 회사소개의 시간이 1시간 정도 주어졌다. 학교의 담당 교사는 1시간의 시간을 할애해줄 테니 회사소개와 함께 자유로운 내용으로 수업을 하면 된다고 하신다. 대상은 고등학교 1학년을 마치고 2학년이 될 학생이다. 남녀 학생 포함하여 30~40명 정도 인원이었으며, 50분 정도의 시간이 주어졌다.

일시 : 2018년 2월 2일(금)
장소 : 고등학교 1학년 교실
내용 : 회사소개 및 일학습 병행제에 대하여

　정부에서 자금을 지원해주는 산학연 관련 다양한 취업지원 프로그램이 있다. 일학습 병행제도 마찬가지 취지이다. 학생들의 재학 중 산업체 실습을 통해 작업 현장의 업무를 직접 배우고 졸업과 동시에 취업하여 바로 적응시키자는 취업지원 프로그램이다. 회사소개 이외의 수업 내용을 요약하면 다음과 같다. 사람은 태어나자마자 가족이라는 조그만 단체의 일원이 되고, 씨족과 친족의 일원으로서 자기 의지와는 상관없이 단체의 구성원으로 가입되고 한 일원이 된다. 조금씩 성장하면서 이웃집 또래들과 어울리게 되고, 나아가서는 놀이방, 유치원, 초, 중, 고등학교, 차츰 사회의 일원으로 성장하고 끊임없이 사회적 동물로서 살아가게 된다.

개미와 벌의 역할에 대한 이야기를 해주었으며, 각자의 역할과 책임을 다할 때 비로소 사회구성원 전체가 굳건히 유지되고 발전하는 조직이 된다. 축구경기에 공격수와 수비수가 있듯이, 스타크래프트 게임에서 마린은 미네랄을 채취해야 장비와 캐릭터를 업그레이드하고, 전투에 성능을 최대한 발휘한다. 자기 자신의 미네랄을 충분히 채취하여 준비하여야 하며, 씨앗호떡의 갑부 사장이 된 사례, 남이 하기 싫어하는 일이라 하더라도 한 가지 분야에 열심히 일하면 큰 부자가 되어 재상이 안 부럽다는 지렁이로 갑부가 된 사장 이야기도 해주었다.

시간관리! 계획을 세우고 목적지를 정하자. 출발점에서 도착점에 도달하기까지 인생의 긴 여정의 나는 지금 어디에 있는지, 무엇이 되려고 하는지, 자신감을 갖고 세상에서 가장 소중한 존재가 누구인지? 자기애를 갖고 나 자신이 가장 잘하는 것을 파악하여 달인이 되고자 한다면, 꿈은 꿈이 아니고 현실이 될 것이다. 가치관, 사회관, 결혼관, 인생관, 국가관 등을 올바르게 정립하는 시기이기도 하기에 인생의 좌우명 한 가지씩을 갖고, "너 자신을 알라"고 한 소크라테스의 말처럼 자기 자신을 알고자 꾸준히 사색하고 생각하여 궁극적인 행복에 도달하도록 인생을 설계하자.

인생은 능동적인 자세로 구하고 얻으려는 자에게는 할 일이 무수히 많은 곳이 되겠지만, 그렇지 않은 이에게는 따분하고 지루한 일상의 연속일 뿐이다. 선택은 당신의 손에 달려 있다. 수업을 준비하고 발표를 하면서 자신에게 해주고 싶은 이야기여서 나를 돌아보는 계기가 되었다.

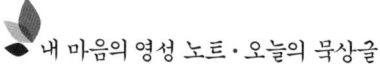 내 마음의 영성 노트·오늘의 묵상글

> 하느님께서는 시간의 주인이시다. 이기주의는 아무것에도 도움이 되지 않고 모든 것을 늦어지게 한다. 사랑은 아무것도 늦어지게 하지 않고 실현을 진척시킨다.

11

껍데기는 가라

  1984년 가을, 청주시의 본정통 거리에서 시화전을 마치고 창문학동인회 선후배의 모임이 있었다. 졸업하여 직장을 다니는 까마득한 선배님들과 시내에서 뒤풀이가 있었다. 그때 한 분의 선배님께서 하신 말씀이다. "껍데기는 가라"

  얼핏 들으면 염불은 안 하고 잿밥에만 마음이 있다는 식으로, 창문학회의 내실을 기하자는 뜻으로, 작품을 제대로 좀 쓰자, 내지는 작품도 쓰지도 않고 사교모임쯤으로 알고 있는 회원들은 껍데기가 아니냐? 라는 훈계로도 들렸던 기억이다. 도둑이 제 발 저린 격이었던가? 막걸리와 파전(부침개가 있으면 고급이고, 김치만 있어도 최고)에 시를 이야기하고 낭만을 이야기하는 젊음의 대학시절을 보내던 그 가을에 "껍데기는 가라"라고 뜨끔하게 고함치는 선배님의 말씀은 인생을 살면서 늘 마음속에서 되살아나는 단어였고 외침이었다. 쭉정이와 껍데기는 내 안의 가식과 허위와 함께 벗어버리고 알짜배기만 남기자.

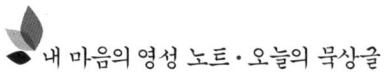
내 마음의 영성 노트 · 오늘의 묵상글

세상 사람들의 눈에 완전한 성덕을 가진 사람으로 보이기 위한 형식에 지나지 않았기 때문이다. 그러므로 그것은 위선이요, 교만이다.

12

내로남불

"내가 하면 로맨스요, 남이 하면 불륜"이라는 말이 있다. 자기의 행동에는 관대하고 남이 하는 행동은 용납 못하는, 자신은 되는데 남은 안 된다는 사고방식의 사람들에게 흔히들 하는 말이다. 정치인들이 서로에 대한 험담을 할 때도 내로남불이라고 한다.

똥 묻은 개, 겨 묻은 개 나무란다. 자기는 더 큰 흉이 있으면서 도리어 남의 작은 흉을 본다는 말이다. 비슷한 표현으로는 그슬린 돼지가 달아맨 돼지 타령한다, 숯이 검정 나무란다, 쌍언청이가 외언청이 타령한다, 제 흉 열 가지 가진 놈이 남의 흉 한 가지를 본다, 사촌이 땅을 사면 배가 아프다는 표현도 남이 잘 되는 것을 보면 시기 질투하는 것을 이르는 말들이다.

남이 잘 되는 것! 그것을 부러워하는 것은 인간의 본성인 듯하다. 아니, 인간의 본성이 아니라 인간 안에 내재한 동물적 본능인 것이다. 사람이 동물이기에 그렇다. 사람이 동물처럼 살면, 동물의 세계처럼 약육강식으로 세상은 혼란스럽고, 어지러워 무법천지일 것이다. 그렇기에 규범을 만들고, 질서를 잡기 위한 법과 제도가 있는 것이고, 공정한 경쟁과 사회규범이 필요했던 것이다. 동물에게서는 이성적인 판단이 나올 수가 없다. 사람이기에 이성이라는 것과 남을 위한 배려라든가, 사랑의 마음이 나오는 것이다.

TV 예능 프로그램에 나오는 말처럼 "나만 아니면 돼"라는 표현의 웃음 유발방식은 사람들의 본성을 척박하게 만든다. 이기적으로 만든다. 물론 예능이어서 재미있게 볼 수 있지만 삶속에서 동물들의 생존방식으로 내가 살아야 하고, 상대방이 죽어야 한다면 인간 사회는 곤궁해지고 불행해질 수밖에 없을 것이다. 측은지심의 마음으로 서로를 바라보며, 함께 살아가는 이 시대에 너와 내가 호흡을 하고 있다는 것이 얼마나 소중한 시간들인가? 내가 해도, 네가 해도 모두가 행복한 로맨스로 바라다보는 마음을 갖도록 하자.

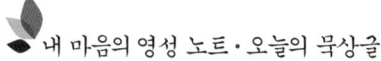
내 마음의 영성 노트·오늘의 묵상글

| 하느님께 버림받은 사람이 되지 않기 위하여 결정을 하여라. |

외상값을 떼먹어?

　　타일을 판매하고 납품하는 일을 하던 때가 있었다. 타일가게 사장님의 사업전략이 생각난다. 외상거래는 절대 안 한다. 장사하기 가장 쉬운 게 외상거래란다. 어려운 길을 가야 한다. 그래서 현찰거래만 한다. 매출단가는 경쟁력 있게 최대한 낮춘다. 낮은 가격에 공급받는 방법은 대량구매와 덤핑물건을 공장에서 직접 큰돈 들여 사들이는 것이다. 그리고 시중에서 판매하는 단가보다 매우 저렴하게 홍보하고 판매하는 것이다.

　　겨울철에 공사현장은 많이 없다. 타일공사도 마찬가지이다. 그래서 겨울에는 홍보를 하러 다닌다. 타일에다 정품가격 시장가의 50%에 공급한다고 적어서 각각의 현장에 놓고 오는 것이다. 한 번은 포승 쪽에 원룸을 짓는 어떤 분에게 타일을 판매하였는데, 결제대금을 일부 남겨놓고 입금을 하지 않는 것이었다. 외상은 사절이었는데 결제하기로 한 금액 중 일부를 남겨놓고 송금한 것이다. 쫓아다닐 수도 없고, 그렇게 시간이 흘러 흘러 1년이나 지나갔다. 도저히 참을 수가 없었다. 떼먹을 요량으로 전화도 받지 않고, 연락도 하지 않고 있었다. 수차례 문자와 전화를 걸어도 통화가 되지 않고, 답장도 없고 떼일 판이었다. 악성채권이 되는 것이다. 사정이 어려워서 그러하니 좀 지나면 해줄 게 기다려 달라는 말만 하고, 일부라도 조금씩 갚으라는 요구에도 한 푼도 입금을 하지 않았다.

그러던 중 외상값을 갚지 않는 사장님이 ○○교회를 다닌다는 것을 알게 되었다. 그는 교회의 장로라는 직함도 가지고 있었다. 그래서 그에게 문자를 보냈다. "○○교회 ○○○장로님, 남은 미수금을 갚지 않으시면 ○○교회로 찾아가 망신을 줄 테니 금액 XX를 언제까지 입금하시기 바랍니다" 문자를 보낸 그 다음날 바로 입금이 되었다. 꼬리 자르기라고 한다. 외상거래를 하던 중 마지막 시점에서 잔금을 남겨놓고 이런저런 트집을 잡아 결제를 하지 않는 아주 안 좋은 습성을 가진 사장님들이 있다. 돈 계산이 흐려서 남의 돈을 떼먹는 사람들은 상종을 하지 말아야 한다. 흐린 게 아니라 버릇이 안 좋은 것이다.

세차장과 광택사업장을 운영하면서 겪은 일이다. 세차는 외상이 거의 없다. 금액도 작고, 광택도 외상은 없다. 작업이 끝나면 현금결제다. 중고차 매매상을 거래할 때였다. 중고차 업자가 차량을 매입하여 수리하고, 상품을 만들기 위해 세차와 광택을 맡긴다. 광택작업이 끝나면 차량을 인수해가고 1~2일 후 결제를 한다. 그런데 얼마 전 광택을 마친 차량을 인수해가고 나서 광택을 제대로 안 했다면서 전화가 왔다. A/S를 해줄 테니 가져오시라고 하였더니 가져오지도 않고 결제는 계속 미뤄져서 입금도 하지 않고 2달이 다 되어가는데 몇 푼 되지도 않는 결제금액을 입금하지 않는 것이었다. 전화를 해도 받지 않고, 문자로 입금확인 부탁한다고 알려줬는데 응답도 없고, 급기야 전화를 받을 때까지 계속하였더니 결국 전화를 받았다. 그제야 방금 송금을 하였단다.

돈은 받으면 된다. 주면 되고, 늦으면 사정을 이야기하고 약속을 지키면 된다. 하지만 전화를 안 받고 문자도 응대하지 않으면서 무시하는 듯한 태도는 돈을 받고, 못 받고를 떠나서 열받게 만드는 것이다. 돈도 잃고, 사람도 잃고, 무시당하는 기분이기 때문에 다시는 응대하고 싶지 않은 부류의 족속들이다. 왜 그런 사람들이 있을까? 이만저만 하니 돈을 못 주겠다 하거나, 거래를 그만하겠다고 하거나, 이쪽에서 요청하는 물음을 무시하는 것은 상대를 무시하는 것 아니겠는가?

사람의 감정은 특이한 것 같다. 그것을 어떻게 다스리고 제어하고 통제하는지에 따라 큰일을 저지르는, 그래서 하는 말이 참을 인자 세 번이면 살인도 면한다고 하지 않는가? 행동하기 전에 신중하게 생각하고, 자신의 마음을 다스리는 공부를 하여야 할 것이다. 작용이 있으면 반작용이 있듯이 어떤 행동의 발단에는 항상 작용이 있기 마련이다. 악을 선으로 바꾸는 행동으로 세상을 살아가자. 자기 자신의 마음을 잘 다스리면서 말이다. 지금은 예약제로 운영하며 100% 선불이다. 고객을 선별하는 나름대로의 기준이기도 하다.

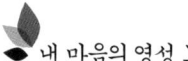
내 마음의 영성 노트 · 오늘의 묵상글

> 세상 사람들은 알지 못하는 나의 보물, 내게 가장 가까운 세상 사람들도 알지 못하는 내 보물이다. 내 존재의 '가장 중요한 부분'은 내가 보는 하느님을 흠숭하고, 그분과 이야기하고, 그분의 말씀을 듣는 일밖에 하지 않는다는 것을 알지 못하는 것이다. 어떤 분이 나와 같이 계신지를 알지 못한다. 세상 사람들은.

14

성수대교 붕괴
- 깨어 있는 공무원 하나가 없어서

1994년 10월 21일 오전 7시 성동구 성수동과 강남구 압구정동을 연결하는 성수대교의 상부 트러스 48m가 붕괴한 사건이다. 성수대교 붕괴사건은 공권력을 이용하여 사익을 추구하여 왔던 한국 사회 부정부패가 그 사건의 배경이다. 건설사의 부실공사와 감리 담당 공무원의 부실감사가 연결되어 만들어진 사건이며, 정부의 안전검사 미흡으로 일어난 사건이다. 이 사건으로 출근하거나 등교하고 있던 시민 49명이 한강으로 추락하였고, 그 가운데 32명이 사망하였다.

1977년 4월 착공하여, 1979년 10월에 준공된 성수대교가 1994년 10월 붕괴하였다. 이 붕괴사건으로 인하여 건설 분야에 만연되어 있던 부실공사와 부실감리, 안전검사 미흡이 집중적으로 폭로되었다. 사고책임을 물어 그 당시 서울시장이었던 이원종 시장이 사임하였다. 이후 우명규 시장을 거쳐 최병렬 시장이 취임하면서 부실공사 대책이 적극적으로 추진되었다. 성수대교의 무너지지 않은 부분을 보완해서 사용할 수도 있다는 토목학계土木學界의 의견도 있었지만 다리를 완전히 새로이 건설하기로 결정하였다.

성수대교 붕괴사건이 있은 지 3년 만인 1997년 7월에 새로운 성수대교가 완공되었다. 성수대교 붕괴사건은 한국 사회에 만연되어 있던 부정부패를 전 세계에 알린 불명예의 사건이다. 그래서 이 사건을 계기로 한국 사회의 부패에 대한 전반적인 문제제기가 이루어지기 시작하였다. 부정부패의 관행을 줄이기 위한 노력이 정부, 학계, 시민사회단체의 차원에서 활발하게 이루어짐으로써 한국 사회가 보다 투명해지고 건강해지는 기회를 제공해주었다.

성수대교가 붕괴하던 1994년 10월 21일, 직장을 서울에서 다녔던 때이다. 아침에 출근하니 총무부에서 직원들의 출근 여부를 확인하며 성수대교를 이용하여 출근하는 직원들을 확인하느라 정신이 없었다. 혹시라도 사고를 당하지는 않았는지 걱정이 되었던 것이다. 사무실이 논현동에 있어서 동호대교, 성수대교를 건너서 출퇴근하는 직원들이 있었기 때문이다. 다행히 사고를 당한 직원은 없었고, 모두 정상 출근을 한 것으로 확인이 되었다.

어처구니없는 사고는 그 다음해인 1995년 삼풍백화점 붕괴사고로 이어졌다. 이때는 서울에서 직장을 천안으로 옮겼던 이후라 서울에서의 사고소식을 천안에서 듣게 되었다. 성수대교 붕괴, 삼풍백화점의 붕괴, 이러한 대형사고의 소식을 들을 때마다 느끼는 것이지만, 깨어 있는 한 사람의 공무원이 있었더라면 하는 아쉬움이 항상 남아 있다. 공무원의 무사안일이 대형사고의 빌미를 주고, 그 피해는 불의의 사고를 당한 이들이 고스란히 받게 되는 것이다. 얼마나 억울할까?

'대한민국 최고의 기업은 정부다'라는 생각을 하곤 한다. 공무원이라는 신분의 사람들은 국민들의 세금을 걷어서 녹을 받아 먹고 사는 사람들이다. 정치인들도 마찬가지이다. 세금으로 월급을 받는 이들이 정부에 소속된 직원들인 것이다. 요즈음이야 공무원들의 민원인을 대하는 태도가 많이 변화되었기는 하였지만, 상전도 그런 상전이 없었던 공무원들의 행태가 많았던 시대가 있었다.

철밥통인 그들이 뭐가 아쉬워 위험을 감수하고 문제의 해결을 위해 발 벗고 나서겠는가! 그저 무사안일이라고 아무 일 없이 소극적으로 일을 추진하면 되는 것이지 말이다. 성수대교와 삼풍백화점의 붕괴를 생각하면 서울을 떠나올 당시가 생각나며, 도시 유목민 같은 복잡한 도시의 생활을 벗어난 것에 얻은 것은 무엇이고 잃은 것은 무엇인지 생각하곤 한다. 그 벗어남이 쉽지 않은 선택이었지만, 나를 돌아볼 여유도 없이 돌고 도는 쳇바퀴 속에서의 삶을 살다가 생의 끝에서 후회를 한다면 무슨 소용이 있겠는가.

아무것도 해놓은 것도 없이 삶을 마칠 수는 없기에, 가치 있는 그 무엇을 남기기 위해 오늘도 희망을 안고 살아가고자 한다. 하고 싶은 것을 해보고 살아가야지, 하고 싶은 일을 하며 살아봐야지 왜 후회할 일을 하는가?

죽음을 맞이하는 종착지로의 여행에서 의미 없는 하루하루를 보내는 것은 시간을 낭비하는 것이기에 무엇이 가장 시간의 가치를 극대화하는 것인지를 판단하여 행하는 것이 최선의 삶을 살아가는 것이라 생각한다.

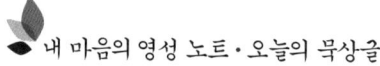 내 마음의 영성 노트 · 오늘의 묵상글

> 잘못이 늘어나면서 무게를 더하지 않도록 처음에 단단히 경계하여야 한다. 강해지고 도움을 얻기 위해 조심하고 기도해야 한다. 그리고 죄를 짓지 않겠다는 굳은 의지가 있어야 한다.

15

남을 해치는 말은
입 밖에도 내지 마십시오!

군 생활을 경주 7516부대에서 하였다. 복무 기간은 (1985. 1. 17.~1987. 4. 16.) 27개월이었으며, 증평 37사단에서 훈련병으로 입대하여 50사단 122연대 연대본부 군수과에서 2, 4종 계원으로 군 복무를 마쳤다. 군 생활의 많은 재미난 일화들이 있었고, 그중에 한 가지를 소개할까 한다.

군대에서는 매일 점호를 취한다. 아침점호, 저녁점호, 내무반의 선임은 당직이라는 노란 완장을 차고 일직사관에게 점호보고를 해야 하며, 병사들은 저녁점호 전 일제히 각자의 관물대와 내무반을 정리정돈 및 청소를 하고 점호준비를 마친다. 일직사관이 누구냐에 따라 준비하는 내무반원들은 긴장한다. 하지만 일직사관이 힘들게 하는 것보다 일직하사, 즉 완장을 찬 내무반의 선임이 누구냐가 점호 분위기를 좌우한다.

내가 근무한 연대본부 내무반의 인원은 지원중대와 본부중대, 통신대대의 인원을 합하여 모두 40여 명 정도로 같은 공간에서 지냈던 것으로 기억한다. 내무반의 구조는 출입문을 열면 정면에는 벽이 있으며, 바로 우측으로 길게 양쪽에 나무침상이 놓여 있고, 그 위에 관물대가 있으며, 좌측에는 총기함이 있고, 제일 안쪽으로 중앙에 TV가 있고, 좌측 관물대 뒤쪽에는 창문이 있고, 창문 너머에는 화단이 있으며, 한낮에는 햇살이 들어오는 건물로 목조구조로 된 옛날 학교 교정 같은 연병장이 바로 보이는 내무반이었다. 어느 날 일직하사로 완장을 차고 근무할 때 점호준비를 마친 내무반에서 점호보고 전 전달사항과 이야기를 한 후 이해인 수녀님의 시를 읽어줬던 기억이 난다.

말 한마디로 천냥빚을 갚는다고 한다. 내어 뱉은 말은 주워 담을 수 없다. "남을 해치는 말은 입 밖에도 내지 마십시오. 오히려 기회 있는 대로 남에게 이로운 말을 하여 도움을 주고, 듣는 사람에게 기쁨을 주도록 하십시오"(에페소서 4장 29절) 이 성경구절을 읽고 접한 후 메모하여 마음에 새기고 있으며, 암송하는 가장 좋아하는 성경구절이다. 그럼에도 이쁜 말 하기는 참 어렵다.

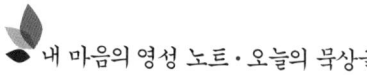
내 마음의 영성 노트·오늘의 묵상글

| 그의 믿음이 이 은혜를 가져다주었소.

16

내 안의 문제를 밖에서 찾는
단단하지 못한 마음

　르상티망Ressentiment! 프랑스어로 '약자가 강자에게 품는 질투, 증오, 열등감 등이 섞인 감정'이란 뜻이다. 강자에 대한 약자의 원한, 질투심으로 나약함을 합리화하는 방식을 일컫는다. 심리학적으로도 자신을 보호하기 위한 방어기제의 한 방식으로, 이솝우화의 '여우와 신 포도'에서 포도를 먹을 수 없는 여우의 자기변명처럼 말이다. 인간은 누구나 이런 르상티망을 가지고 있다. 현재의 파이(P. I. E.) 세대의 양면성을 설명하는 데 적절한 심리학 용어이기도 하다. 파이세대란? P: Personality(남다른 개성) / I: Invest in Myself(나의 행복과 자기계발에 투자) / E: Experience(소유보다 경험을 중시)하는 세대를 말한다.

　자기 자신의 신세를 한탄하기 이전에 자신의 처지를 만든 이유를 타인에게서 찾는 심리적 방식이라고 하겠다. "고급 레스토랑

갈 필요 없어" "명품을 왜 그렇게 좋아할까? 퀄리티는 거기서 거긴데" "저 사업가가 뭐가 대단해? 우리처럼 편법을 안 쓰고 착실히 일하는 사람들이 잘 돼야 하는데" 이처럼 허세 없는 겸손한 발언처럼 들리지만 그 속을 보면 '르상티망'에 사로잡힌 모습이 내재한다.

이솝우화를 상기해보자. 어느 날, 여우가 먹음직스러운 포도를 발견한다. 하지만 포도를 따려고 애써도 손이 닿지 않았다. 결국 여우는 "이 포도는 엄청 신 게 분명해. 이걸 누가 먹겠어"라고 화를 내며 가버린다. 여우는 손이 닿지 않는 포도에 대한 분한 마음을 "저 포도는 엄청 시다"라고 생각을 바꿈으로써 푼다.

르상티망을 갖고 있는 사람은 열등감을 노력이나 도전으로 해소하려 하지 않는다. 또한 '가난한 사람은 행복하다'라고 설파한 '성서'와 '노동자는 자본가보다 뛰어나다'라고 주장한 '공산당 선언'이 르상티망의 전형적인 콘텐츠가 아닐까 생각이 든다. 내 안의 문제를 밖에서 찾는 단단하지 못한 마음, 그것이 르상티망이다. 이러한 르상티망이 자본주의가 돌아가게 하는 원동력이 되어 고급 사치재 혹은 지위재의 가격을 결정하게 되는데, 그것을 구입할 수 없는 사람들이 그 값을 결정한다고 한다.

자기의 분수에 맞는 소비와 생활을 하면 된다. 부자 흉내를 낼 필요도 없고, 없는데 있는 척할 필요도 없고, 하루하루 자신의 삶의 패턴으로 살아가면 된다. 르상티망이라도 자신의 정신건강에 좋다면, 얼마든지 부리고 살면 된다. 단지, 목표를 이루려는 노력도 없이 핑곗거리로 '르상티망'에 사로잡혀 자신에게 합리화하는 것을 경계하자는 것이다.

자신의 가치를 물질로 표현하는 어리석음보다는, 내면의 깊이 있는 철학과 마음가짐을 소유한 이에게서 매력과 부러움을 볼 줄 알아, 배우고 느끼는 자신을 만들어 나가자. 너와 나, 우리 모두가 말이다.

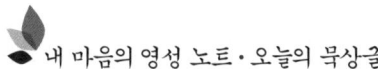
내 마음의 영성 노트·오늘의 묵상글

> 내게 즉시 감사하지 않는 것이 이번이 처음은 아니고 마지막도 아닐 것이다. 그러나 나는 감사를 얻으려고 하지 않는다. 영혼들에게 자기를 구할 수 있게 해주는 것으로 충분하다. 나는 매 의무를 다한다. 영혼들은 그들의 의무를 해야 한다.

17

인생의 모든 길흉화복은
만나는 사람으로부터 시작된다

충북 진천에서 나고 자랐다.
진천삼수초등학교(1977년 졸업)
진천중학교(1980년 졸업)
진천고등학교(1983년 졸업)
충북대학교(1983년 입학~1990년 졸업)

입시제도가 정권의 입맛에 따라 수시로 변한다. 거기에 놀아나는 것은 국민과 학생들일 것이다. 공부를 안 하면 안 되겠지만, 배움터인 학교에서의 교육이 단순한 교육의 전달에 그치지 않고, 올바른 교양인으로, 올바른 사회인으로 교양과 지식을 겸비한 양식 있는 지성인이 되도록 인성을 갖추는 데 초점을 맞춰서 이루어져야 할 것이다. 학교는 학원이 아니지 않은가.

진천고등학교! 그 당시 교훈은 '의義', 의로울 '의'이었다. 송선호 교장선생님, 1학년 담임 안수연(생물), 2학년 담임 조실(국어), 3학년 담임 오종덕(영어)이었다. 고등학교 3학년 때 기준으로 한 반에 60명 6개 반이 있었고, 1개 반은 실업반(취업반), 1개 반은 이과반, 4개 반은 문과반이었다.

진천에는 실업계 고등학교인 진천농업고등학교(1945년 설립)와 (한국 바이오 마이스터고로 교명이 바뀜) 인문계 고등학교는 진천고등학교(1977년 개교), 진천여자고등학교(1965년 설립)가 있었으며, 지금은 진천고등학교는 남녀공학으로, 진천여자고등학교는 진천상업고등학교로 바뀌었다.

고등학교 1학년 때 집에서 학교까지 자전거로 통학을 하였는데, 지금은 상상할 수도 없는 일이겠지만, 등교 시 영어교과 선생님 댁 사모님이 운영하는 가게에 들러 점심 도시락을 받아, 교무실에 가져다드리는 심부름을 하였던 기억이 있다. 기술을 담당하시는 임갑수 선생님은 계산할 것이 있다고 부르셔서 선생님 댁에 가서 주산을 놓아준 일이 있었다. 아침마다 조깅을 하였는데, 대략 거리는 3km 남짓으로 15~20분 정도 소요되었으며, 아침 일찍 일어나 동네 한 바퀴를 도는 코스였다.

그러던 어느 날, 삼수초등학교 위의 운동장을 조깅하며 거쳐 지나가는데, 임갑수 선생님을 만나 인사한 기억도 있다. 자녀(아들 둘)들을 데리고 운동하러 나오신 모양이다. 기술과목 담당이셨는데, 이후 더욱 친근하게 대해주셨다. 그 당시 아침 조깅은 하루의 시작을 활기차게 시작하는 마음다짐이기도 하였다.

고등학교 2학년 때 학급편성을 문과와 이과로 나누었는데, 이과 1개 학급과 문과 5개 학급으로 나누었고, 문과 5개 학급 중 1개 반을 우등반으로 만들었다. 학기 초의 어느 날, 아버지께서 학교 교장실에 오신 것이다. 내용인즉, 전학을 온 1학년 학생이 있는데, 그 학생과 일정 기간 적응할 수 있도록 함께 생활을 하라는 것이다.

영문도 모르고 시키는 일이니 따라야 했고, 그날부터 집에서 2km나 더 떨어진 지역에서 등하교를 하게 되었으며, 그 학생과 시골집에서 생활하게 되었다. 조부모님이 손자를 돌보았는데, 할아버지와 할머님이 나에게 어찌나 잘해주시던지 지극정성이시었다. 그런 마음을 그 학생은 아는지 모르는지. 돌이켜보면 당치도 않은 일을 시켰고 하였던 것이다. 3~4개월 정도 후배 학생과 함께 생활하며 지냈던 것으로 기억한다.

고2의 여름이 지나가는 계절이었다. 반 학생 중 한 명이 집에 고추를 말린 것이 소나기가 내리면 비에 젖을까 봐 걱정이 되었나 보다. 점심시간에 몰래 자전거를 타고 집에 다녀온 것이다. 수업

시간에 들어오다 들켜서, 마침 수업도 담임선생님 시간이어서 걸렸다. 뒤지게 혼나고 얻어맞았던 기억이 있다.

　인생의 모든 주기가 중요하겠지만 특히 초, 중, 고교의 청소년기 시절은 인격 형성에 매우 중요한 시기이며 부모로부터, 선생님으로부터, 친구들로부터 많은 영향을 주고받는다. 명심하라! 인생의 모든 길흉화복은 만나는 사람으로부터 시작한다는 것을!

🍃 내 마음의 영성 노트 • 오늘의 묵상글

> 타다 남은 심지의 어렴풋한 연기는 완전히 꺼진 심지보다도 더 나쁘며, 너희들의 연기를 가지고 사람들의 마음이 아직 가질 수 있는 그 미광마저 어둡게 할 것이다. 오! 하느님을 찾다가, 빛 대신 연기를 가지고 있는 사도들 쪽으로 가는 사람들은 불행하다! 그들은 사도들에게서 죄의 기회와 죽음을 받을 것이다. 그러나 자격 없는 사도들은 저주와 벌을 받을 것이다.

18

인생을 매직처럼
- 데이비드 카퍼필드

    2024년 60세 연배의 어른이라면 데이비드 카퍼필드, 이 사람을 모르는 사람은 없을 것이다. 마술가이자 매직 뮤지션으로 그는 명절날 TV 매직쇼로 안방의 단골 프로그램이었던 마술에 등장하는 인물이다. 그가 1994년도 삼성동 코엑스에서 마술공연을 한다는 것이다. A석 표를 예매하고, 그때 당시 10만 원을 들여서 구매하였다. A석이라고 하더라도 플라스틱 등받이가 있는 간이의자에 앉아서 공연을 관람해야 했다. 모든 게 환상적이었다. 무대의 조명, 마술사의 몸짓, 배경음악 등

    트릭이라는 것을 알면서도 트릭으로 보이지 않으니 신기할 뿐이다. 어떻게 저럴 수가 있지? 자연의 이치를 거슬러서 현실을 부정하는 있을 수 없는 일을 눈앞에서 보여주는 능력자 데이비드는 그렇게 관객을 매료시키고, 함성을 지르도록 공연을 이끌어갔다.

한국말로 인사하고, 공연 중 어눌한 한국 말투를 쓰며 다음 진행 안내를 한국말로 하는 것이며, 모두가 마술사의 동작과 액션에 흠뻑 빠져 있었다.

항상 그러한 공연에 빠질 수밖에 없는 것 중에 하나가 마술사의 도우미로 아름다운 미녀가 등장하고, 관객분 중에 한 분을 지정하여 함께 행하여지는 마술은, 더욱 흥분의 도가니로 만들어간다. 그것을 현장에서 생생하게 보는 기분은 TV로 안방에서 보는 것과는 색다르고 특별한 경험이었음에 틀림없다. 그리고 마지막에 이루어진 원형 안에 오토바이를 타고 들어가는 데이빗이 원형을 돌고 돌아 나와서 헬멧을 벗었는데 데이빗이 아니고, 데이빗은 무대의 맞은편 관객의 뒷자리 끝에서 조명을 받으며 나타난다. 그러자 관객들은 일제히 함성을 질러댄다.

Dreams(VAN HALEN)의 배경음악을 들으면 그때의 역동적인 힘이 느껴지는 듯하여 힐링이 필요할 때 즐겨듣는 음악이다. 인생을 매직처럼, 모두의 마음이 행복이어라~ 얍!

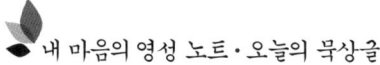
내 마음의 영성 노트·오늘의 묵상글

> 잘 준비한 일이 성공한다. 하느님의 승리를 생각하지 않고 자기의 승리를 생각하는 종은 정말 불쌍하다.

19

사진이 없다고
추억이 사라지는가!

　기억에만 남는 것! 젖먹이 어린 시절을 기억하기란 쉽지 않다. 사진이나 부모에게 들은 이야기 정도일 것이다. 나 김요섭(본명 : 김현묵, 1965년 1월 24일~현재)은 아버지 故 김호영(1930~1987년)님과 어머니 김태분(1938년~현재)님의 사이에서 3남 1녀 중 둘째로 장남이며, 1965년 1월 24일 충북 진천에서 태어났다. 음력으로 1964년 12월 22일 일요일 12시쯤 미사를 마치고 집에 오셔서 낳았다고 한다. 어머니의 고향은 천안이시며, 진천으로 시집을 오셔서 진천군 이월면 가산리(우린 갬저리라고 부른다)에서 살으셨다.

　어느 날, 어머니는 진천 읍내의 교회를 다녀야겠다고 생각하시고, 가산리에서 무작정 진천 읍내로 나오셨다. 어디에 교회가 있는 줄도 모르시고 십리길(4km)쯤 되는 거리를 나오시다가 가산리에서 진천 읍내를 가려면 할미성이라는(항아리 공장) 동네를 거쳐가야 하는데, 마침 그곳에서 길을 나서시는 분을 만나 대화를 하게 되었고, 이야기를 나누다 보니 그분이 성당을 가는 길이라고 자신을 따라오라고 하였단다. 이렇게 시작되어 어머니는 성당을 다니게 되었으며, 신앙생활로 어려운 시기를 극복해 나가게 되었으며, 지금까지도 믿음을 유지하고 계신다. 할미성이라는 동네는 진천에서는 유명한 항아리 공장이 있는 곳(지금은 사라졌지만)이었다. 옛날 천주교 신자분들이 박해를 받던 시절 도망 다니며 신자들끼리 모여 숨어 살던 동네였다고도 한다. 1960년대 가난했던 그 시절, 어머니는 살림에 보탬이 되고자 무엇을 할지 궁리하다가, 봇짐장사를 하게 되었다고 한다. 봇짐장사로 시작하여 점포를 얻어 삼보상회라는 옷가게를 하게 되었으며, 시골 촌구석에서 읍내로 집(셋방살이)을 구하여 나와 살게 되었는데, 하루는 갓난아이인 나를 재워놓고 가게에 나갔다가 들어왔더니, 쥐새끼들이 갓난아이 머리맡에 있더란다. 기겁을 하고 여기 이런 곳에서 살다가는 애 잡겠다는 생각이 들어 다른 곳으로 이사 갈 결심도 하게 되었단다.

50만 원으로 집을 샀다. 지금으로 치면 급매로 나온 집을 구입하였나 보다. 진천군 진천읍 읍내리 1구 5반 285번지가 지금 기억하는 집주소이다. 둑방 밑의 기와집으로 안방, 건넌방, 마루, 부엌, 샘, 화단, 장독대, 대문, 벽돌 담장, 화단이 있는 대지 면적 70평 정도의 남향의 기와집이다. 대문을 열고 들어서면 바로 마중물을 넣어 뿜어 올리는 펌프가 있는 샘이 보이고, 샘 위를 뒤덮은 포도나무가 있으며, 좌측은 'ㄱ'자 모양으로 건넌방과 안방이 넓은 마루를 가운데 두고 붙어 있고, 안방 부엌과 건넌방 부엌이 각각 있었으며, 우측 화단과 담벼락을 따라 별채로 화장실이 있고, 뒷뜰 그 안쪽에 장독대가 있다.

흑백사진 1장! 세발자전거에 탄 5~6세 정도의 어린 나! 어머니가 뒤에서 앉아 계시고, 가족의 사진첩 어디에서 보았던 흑백사진 1장이 어디에 있을 텐데…… 자전거를 타고 놀던 어린 시절, 사진을 찍은 기억은 없고, 사진을 본 기억은 나고, 이제는 사진도 없다. 추억은 그런 것이다. 기억에만 남는 것들, 그 기억조차도 사라지는, 나의 삶이 끝나면, 모든 게 사라지는…… 세상에서의 일들, 세상에서의 기억들.

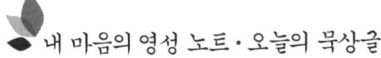
내 마음의 영성 노트·오늘의 묵상글

> 지금도 내 표시들은 되풀이되고 있다. 그러나 세상 사람들은 그때와 마찬가지로 그것들을 인정하지 않는다. 그렇다 하더라도 나는 단념하지 않는다. 나는 너희들을 구하기 위하여, 너희들을 내게 대한 믿음으로 데려오기 위하여 같은 일을 되풀이한다.

창립 5주년 기념일을 자축하며

2023년 5월 1일 (월요일)

친애하는 가족, 친지 여러분!

늘 그렇지만 어제를 생각하고, 그제를 생각하며, 지나온 과거를 돌아보면 시간은 왜 이리 빠르게 지나가는지, 세월의 빠름을 다시 한번 느끼고, 벌써 이렇게(나이가 들게) 되었다고 놀라 '허송세월'하지 않겠다는 다짐을 다시 한번 하며, 나 자신을 반성해봅니다.

5주년이 되는 오늘 이 시간의 의미는

초등학교 1학년에 입학한 코흘리개 어린 꼬맹이가 벌써 5학년을 마치고 6학년이 되어 자란 것처럼, 아무것도 모르고 시작한 세차장 사업이 많은 어려움과 난관을 극복하며 정신없이 달려온 사이 부쩍 성장한 지난 5년이 아니었나 싶습니다. 문 창호지의 바람난 구멍으로 말 한 마리가 달려가는 것을 보는 것보다도 빨리 지나가는 게 인생이라더니 정말 그런 듯싶습니다.

2018년 5월 1일(화요일)은 제가 세차장을 인수하여 사업을 시작한 날이었습니다. 아산 배방의 세차장을 인수하여 사업을 시작한 지 5년이 지난 오늘, 지나온 날들을 생각하니 아찔하기만 하며, 나에게 지금도 영감과 활기 넘치는 열정과 의욕을 넘치도록 주시는 그분께 그저 감사하다는 생각과 고마움을 전하며, 벅차오르는 기쁨을 저를 알고 계시는 모든 분들과 함께 나누고자 합니다.

눈만 뜨면 광택, 밥만 먹으면 세차

부부가 운영하던 세차장을 혼자서 운영한다고 하였을 때부터 이미 사업은 망한 것이었을 것입니다. 내 차 닦기도 버거운 저질 체력과 그렇게 꼼꼼하지도 못한 생활습관과 하고 싶은 것만 하려고 하는 고집과 세차하는 방법을 알지도 못했던 열악한 사업 밑천으로 어떻게 고객의 차를 닦아주고 돈을 벌겠다고 하는 것인지 '눈만 뜨면 광택, 밥만 먹으면 세차'라는 슬로건을 내걸고 용감무쌍하게 도전했던 어제의 나를 생각하니, 그저 웃음만 나오는군요.

600여 대를 세차했더니

그렇게 하루하루 세차 손님을 맞이하면서 첫 손님이 오셨을 때 고객님 차의 시동 버튼을 눌러 시동을 걸어야 하는데, 그걸 찾지도 못하고 어리바리하던 때, 그렇게 1대, 2대 세차를 하며 10대에서 100대로, 100대에서 500대, 600여 대의 세차를 하다 보니, 몸은 고되고 벌이는 시원찮고, 벌이가 힘드니 재미도 없고, 월세도 못 내어 힘들던 그때, 광택을 배워 광택숍으로 탈바꿈하여야겠다며 중고차 매매상사의 차량들을 작업하기 시작하였고, 조금씩 조금씩 광택과 세차를 병행하여 익혀 나가게 되었습니다.

세차장에서 땀 광택으로 변신하다

2019년 9월 일반인들의 차량을 처음으로 광택을 하기 시작하였으며, 중고차 매매상사의 가격 정도를 받고 일반 고객들에게 광택 서비스를 제공하였습니다. 지금의 서비스도 계속하여 업그레이드하여 발전시켜 가고는 있습니다만, 그 당시 제공한 광택 서비스는 여러 가지 면에서 부족한 부분이 한둘이 아니었다는 평가를 하게 됩니다.

2021년 3월, 아산 배방 북수리 세차장이 철거될 사정이 생겨서 부득이하게 이전을 하게 되었습니다. 시내에서 월세로 세를 얻어 지내느니 차라리 호서대 앞 세출리 건물 1층으로 이전을 하면 어떻겠는가 생각이 들어, 건물주인 마누라를 설득하여 이전하기로 결정하고, 1층을 리모델링하여 지금까지 광택 시공작업을 하고 있을 수 있었습니다.

철갑을 두른 듯 코팅제 제품을 갖게 되다

<철갑을 두른 듯 Ddam coat>는
- 광택연구소 땀에서 개발한 코팅제입니다.
- 광택전문점 땀에서만 시공합니다.
- 독보적이고 유일한 제품으로 최고의 성능을 보장합니다.

광택작업을 하며 터득한 것은 연마하는 약제와 기계 그리고 코팅제를 어떻게 조합하느냐가 중요하다는 것을 알게 되었고, 그러기 위해서는 작업절차인 매뉴얼을 갖추고, 나만이 제공하는 특별한 공정과 안정적인 품질이 꼭 필요하다는 것을 알게 되었으며, 내가 쓰는 코팅제는 내가 만들어 써야겠다는 생각으로 '나만의 제품'을 갖추게 되었습니다. 땀 광택은 폴리싱과 코팅을 전문으로 합니다.

창립 5주년! 자영업자의 십중팔구는 창업한 지 3년 이내에 망하거나 업종을 바꾼다는 통계가 있다고 합니다. 그럼에도 불구하고 아직 생존하여 미래를 계획하고, 5주년을 넘기고 있다는 현실은 아주 긍정적인 신호이며, 앞으로 10주년, 20주년 오늘에 자만하지 않고, 초심을 잃지 않으며, 더욱 낮은 자세로 발전하는 '땀 광택'이 되도록 만들어 나가겠습니다. 감사합니다.

늘 곁에서 걱정과 잔소리로 노심초사 지켜보는 건물주인 마누라에게도 고마움을 전하며, 5주년 기념 건배를 제의해볼까 합니다. 제가 "우리는"을 외치면 여러분은 "행복해"라고 외치시면 되겠습니다.

"우리는"

"행복해"

2023년 5월 1일

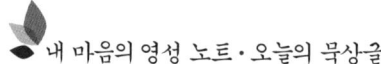
내 마음의 영성 노트 · 오늘의 묵상글

사람! 그는 영혼을 가졌다는 것을 너무 잊고 있다. 사람은 육체만 생각하고 영혼 걱정을 하지 않는다.

21

흡연(담배)에 대하여

담배는 최초 어떻게 해서 누가 만들었을까? 해롭다는 담배를 사람들은 왜 피우고 있는가? 심리학적으로 흡연하는 사람들은 담배연기를 내뿜으며 카타르시스를 느끼게 된다고 한다. 그러한 심리가 담배를 피우게 한다는 것이다. 그리고 보면 시각장애인이 담배를 피우는 것은 보지 못하였다. 그렇다고 한다면 담배연기를 내뿜는 것에서 느끼는 만족도가 담배를 피우는 심리적 요인인 것은 어느 정도 설득력이 있는 듯도 하다.

초등학교 시절에 담배 심부름을 하였던 게 기억난다. 아버지가 담배를 사오라고 시키면 표를 파는 창구 같은 곳의 동그랗게 열린 구멍에 담배 이름을 대며 돈을 주고 담배를 사다드리곤 하였다. 그 당시 담배 이름은 '명승'이었던 것으로 기억한다.

대학교에 입학하여 1학년 초에 KBS 라디오 퀴즈프로에 참여한 적이 있다. 청주방송국에서 출연하였으며, 오후 2~3시에 생방송으로 진행되는 프로였는데, 전국의 3개 지역의 청취자가 참여하여 퀴즈 문제를 듣고 구호를 외쳐 정답을 맞추는 프로였다. 그 때 출연료를 얼마 정도 받았는데, 그 돈으로 담배를 처음 샀던 기억이 난다. 그때 샀던 담배로 몇 달은 피웠다. 뭐 성인이 되었다는 기분을 담배 피는 것으로 표현한다는 느낌? 하지만 그 후로 담배를 내 돈으로 샀던 적은 한 손가락으로 꼽을 정도이고, 면세점 담배를 선물용으로 어쩌다 구입하는 것 외에는 지금까지도 담배를 구입한 적이 없다. 담배는 얻어 피워야(뺏어 피워야) 제맛(?)이다. 고3 때는 옆자리 짝꿍이 쉬는 시간이면 화장실에 가서 담배를 피웠고, 그 냄새 때문에 많이도 싸웠던 기억이 난다.

대학생활 중 서클활동을 하였는데 창문학동인회라는 서클이었다. 선후배 회원들과 시평회를 할 때면, 4학년 고참 선배들은 담배를 피우며 시에 대한 평가를 하고 의견을 나누기도 하였는데, 남자 선배들이 피우는 담배야 으레 보았던 광경이었지만, 여자 선배가 피우는 담배는 내심 놀라움을 주는 충격으로 비쳤던 기억도 있다.

군 생활을 하던 때에는, 군에서 담배를 배급해주었기 때문에 (이때의 담배 이름은 은하수, 거북선이었다) 담배를 모아 휴가 때 아버지에게 갖다드렸던 기억도 있다. 하지만 좋지도 않은 담배를 굳이 아버지에게 갖다드린 것을 돌이켜 생각해보니 지금은 많이 후회가 된다. 군대에서 제대하던 해에 아버지께서 돌아가셨기 때문에 담배가 몸을 망치고 건강을 악화시킨 요인이 된 것 같아 더욱 그러하다. 몸에 좋은 것을 즐겨 먹지는 못할망정, 해롭다는 담배를 굳이 피울 필요는 없을 것이다. 담배는 절대 소지하지 않는다. 어리고 젊은 처자들의 끽연하는 모습을 바라보면 겉멋내는 어른 흉내내기 같아 씁쓸하다.

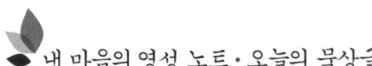
내 마음의 영성 노트 · 오늘의 묵상글

> 그렇다고 사람이 더 행복하지는 않을 것이다. 그것은 선보다는 아는 게 더 능란하겠기 때문이다. 그러나 진보는 할 것이다. 세상은 구원받기를 원치 않는다. 세상은 천에 하나의 비율로 나를 알고자 할 것이고, 또 만에 하나의 비율로 실제로 나를 따를 것이다. 이것마저도 과장해서 말하는 것이다. 나는 내 친구들에게조차 알려지지 않을 터이니까 말이다.

22

속지 말자 화장발! 다시 보자 조명발!
믿지 말자 사진발!

미팅 시 주의사항
———

속지 말자 화장발!

다시 보자 조명발!

믿지 말자 사진발!

충북대학교 경영대학(예전에는 사회과학대학이었음) 회계학과 83 학번이다. 입학 당시 모집 정원은 103명이었고, 경쟁률이 2.56 대 1이었던 것으로 기억한다. 진천고등학교에서 3명의 학생이 같은 회계학과에 입학을 하였다. 입학 후 1~2학년 때에는 청주로 통학을 하였으며, 진천에서 청주 사직동 터미널(지금은 가경동으로 이전함)까지 시외버스를 타고 가서, 다시 시내버스로 갈아타고 개신동 충대 후문에서 내려, 들판을 지나(40여 년이 지난 지금은 논밭이 건물

로 가득함) 학교로 등하교를 하였다. (허허벌판이었음)

　진천에서 청주 터미널까지의 시외버스 요금은 학생증을 제시하면 50% 할인을 받아 230원을 지불하였으며, 청주 사직동 시외버스 터미널에서 충대 후문 주차장까지 시내버스 요금은 100원이었고, 점심은 집에서 도시락을 싸와서, 학교 구내식당에서 국을 구입하여(그릇에 따뜻한 국만 판매하였음) 친구들과 함께 교내 식당에서 먹었다. 국값은 100원이었다. 내 기억으로 83년도 한 학기 대학 등록금은 대략 30여만 원 정도였던 것으로 기억한다. 하루 용돈 1,000원을 받아 왕복 교통비와 식대를 지불하면 240원 정도 남는다. 남은 돈을 모아서 여가생활이나 미팅을 한다. 요즘은 어쩌는지 모르겠지만, 미팅하게 되면, 비용은 남학생이 부담한다. 용돈을 몇 달 동안 아끼고 모아서 미팅 비용으로 홀라당 써버리는 것이다.

　대학교 1~2학년 때 미팅은 두 번 하였다. 한 번의 미팅은 1학년 때 우리 과 3명과 가정교육과 여학생과의 단체미팅을 하였으며, 커피숍에서 만나 경향식집, 이른바 레스토랑에 가서 양식을 먹었다. 그리고 또 한 번의 미팅은 2학년 때 서클 선배님의 소개로 국어교육과 후배 학생과의 소개팅을 하였는데, 몇 번의 만남을 이어오다가 2학기의 마지막 시험이 끝남과 동시에 종강하며 겨울 방학을 시작하게 되는데, 여학생도 충주로 가야 하기에 시외버스

터미널 근처의 호프집에서 생맥주를 마시며, 노트를 꺼내 각자가 머릿속에서 생각하는 단어들을 하나씩 적어가며, 그 이유를 말하고 떠들며, Cheers를 외치고, 겨울방학 알차게 잘 보내자! 개강하면 학교에서 또 보자는 만남을 기약하고 헤어졌다. 그리고 돌아온 그날 저녁, 집에 도착하니 입대하라는 영장이 와 있었다. 한 달 후 군에 들어오랍신다. 국가가 날 부른단다. "아~ 아~ 이게 무슨 운명의 장난이란 말이더냐~ 아~ 아냐 아 아~~" 신파극에 나오는 대사가 그렇다.

마음의 표현이 얼굴로 나타난다고는 한다지만, 겉으로 보이는 얼굴에 현혹되지 말고, 내면 깊이 있는 실체의 본심인 마음을 바라보는 혜안을 갖자. 속지 말자 화장발! 다시 보자 조명발! 믿지 말자 사진발! (하지만 가끔은 속아보고 싶기도 하다)

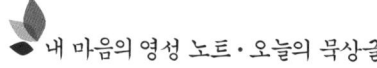
내 마음의 영성 노트 · 오늘의 묵상글

거룩하게 하거나 타락시키는 것들이 영혼에서 나온다. 어떤 개인의 행동방식을 전적으로 나타내는 것들이 말이다.

23

인물
- 故 안효익 고문

　안효익 고문님은 중소기업의 관리부 차장으로 근무할 때 만난 분이시다. 2005년도에 알게 되었으며, 회사의 고문역으로 채용되어 외국 바이어 역할을 하셨고, 영어와 일어에 능통하셨다. 함경도 출신으로 6.25 때 월남하였으며, 서울대 기계공학과를 졸업하고 삼성 기획실에서 이병철 회장님을 모셨다고 한다. 격일로 출근하였으며, 출퇴근 시에 픽업하여 모셔다드렸고, 시내의 조그만 원룸에서 살고 계셨다. 가족관계는 아드님 한 분이 있었으며, 사별하여 혼자 살고 계시는 것으로 알고 있다. 늘 깨끗하고 단정한 옷차림으로 젠틀하셨고, 호리호리한 외모에 약간 어눌한 이북 사투리가 엿보이는 말투를 쓰셨고, 이북이 고향이었는데, 김일성의 아들과도 함께 자랐기에 김일성의 얼굴도 직접 보았다고 하셨다.

　안 고문님은 삼성 재직 시 일본 출장에서 큰 교통사고로 일행이 모두 죽었지만 자신만 살아남게 된 이야기, 삼성 기획실 근무 중 삼성 일가의 크고 작은 뒤치다꺼리의 일들을 해결하러 다녔던 이야기, 낙하산으로 기획실에 떨어져 내려온 예비역 장성과 멱살잡이하고 싸웠던 일들, 이병철 회장의 지시로 골칫거리의 업무를 처리한 일들을 재미난 무용담으로 들려주었다.

이분과의 짧은 인연은 그 회사를 퇴사한 이후에도 가끔 연락이 와 사시는 곳 집 근처 도가니탕집에서 함께 식사하기도 하였으며, 한동안 연락이 없더니 추석 명절을 지내는 어느 날, 위독하다는 한 통의 문자가 날아왔으며, 중환자실에 계시다가 결국 운명하셨다. 사인死因은 뇌진탕으로 인한 뇌출혈이었다. 연락을 받고 병원 영안실에 찾아갔더니 가족은 없고 회사 직원들만 영안실을 지키고 있었다. 쓸쓸한 세상과의 이별을 맞이한 노신사 한 분을 떠나보내게 된 것이다.

안효익 고문님과 짧은 기간 함께하면서 나도 저렇게 늙어야지 하는 생각을 많이 하였는데, 애석하게도 70도 못 넘기고 돌아가셨으니 너무 안타까운 마음이 들었다. (주님께서는 망자의 넋을 불쌍히 여겨주시고, 영원한 안식을 그에게 주소서. 아멘)

사람은 모두 태어나 살다가 결국 죽는다. 죽지 않을 인간은 없다. 살고 있을 때에야 죽지 않을 것처럼 살지만, 죽음은 모두에게

다가올 것이고, 어느 날 갑자기 한순간에 찾아올 것이다. 그 이전에 준비를 하여야 한다. 무엇이든 후회하지 않을 인생으로 살기 위해서라도, 죽기 전에 꼭 해야 할 그 무엇을 하도록 하자. 그래서 '이제 다 이루었다'라고 말할 수 있도록 차곡차곡 준비하자.

세상과의 이별을……
슬프겠지만, 기쁜 마음으로……

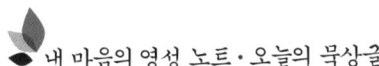
내 마음의 영성 노트 · 오늘의 묵상글

> 파티마에서, 루르드에서, 과달루페에서, 까라밧지오에서, 라살렛드에서, 그러니까 참되고 거룩한 발현이 있은 어디에서나 발현을 본 사람들, 즉 보라고 부름받은 사람들은 나이와 교양과 사회적 지위로 보아 이 세상에서 가장 비참한 사람들 측에 끼는 보잘것없는 사람들이다. 이 이름 없는 사람들, 이 '아무것도 아닌 사람'들에게 은총이 나타나서 그들을 선구자로 만드는 것이다.

24

천적과 갑을관계

　동물의 먹이사슬 관계에서 잡아먹는 동물들을 잡아먹히는 동물 입장에서 천적이라고 합니다. 쥐를 잡아먹는 고양이를 쥐의 천적이라고 하지요. 인간관계에서도 천적인 사이가 있습니다. 불편한 사이! 그 사람만 있으면 괜히 위축되고, 말도 제대로 못하게 되고, 부자연스럽고, 반대로 그 사람에게는 당당하고, 말에 더 힘이 들어가고, 몸의 제스처가 커지고 하는 경험을 아마 해봤으리라 생각이 듭니다.

　요즘은 사회적으로 갑질 논란이라는 기사들이 많이 뜹니다. 직위나 업무상, 계약상 우위인 점을 이용하여 함부로 대하거나 피해를 일삼는 부당행위로 모 항공사의 땅콩회항, 백화점의 모녀사건, 프랜차이즈 가맹 본점의 횡포 등이 대표적인 사례일 것입니다.

갑과 을은 공존할 수밖에 없습니다. 을도 갑이 없으면 의미가 없지요. 갑이 필요한 것입니다. 필요 이상의 요구나 불평등이 문제가 되는 것이지요. 그것을 정당하게 주고받는 사회 분위기가 밑바탕에 깔리고, 모든 사람들의 마음속에 당연한 질서로 자리 잡을 때 갑의 횡포라는 말은 사라질 것입니다.

천적을 자기 자신을 향상시켜 주고, 게으름과 나태함을 이겨내주는 존재로 활용하는 지혜가 필요할 것입니다. 스트레스가 아닌 자극제로서의 역할로 자기계발과 성장의 밑거름으로 나 자신을 채찍질하는 도구로 이용하면 좋겠습니다.

어느 상점에서 고객분 중의 한 분이 엄청 소란을 피우더랍니다. 갑질 아닌 갑질을 하는 거죠. 제대로 아는 것도 없으면서 이건 이렇게, 저건 저렇게 간섭하고 아는 척을 하고 그러더랍니다. 손님이라서 뭐라고 대들지도 못하고, 그 손님이 다녀가고 나면 짜증지수가 폭발하였다고 합니다. 그러다가 그 손님을 잘 아는 동창 친구 한 분이 그 상점에 와계셨는데, 그때 마침 그 손님이 오셨답니다. 그런데 이상하게도 찍소리도 못하시고 고분고분하고 상냥하게, 숨소리도 부드럽게 조심조심하더랍니다. 아마 두 분의 사이가 친구이지만 천적관계이지 않았겠나 하는 생각입니다.

이렇게 누군가에게는 큰소리치지만 또 다른 누군가에게는 찍소리도 못하는 관계라면 천적인 사이가 아니겠습니까? 천적 사이라도 그것을 잘 활용하여 반면교사로 삼든지, 자기계발의 촉매제로 쓸 수 있도록 합시다.

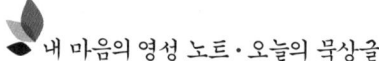 내 마음의 영성 노트·오늘의 묵상글

> 나는 거룩한 사람, 악한 사람 모두를 위하여 기도한다. 거룩한 사람에게는 기쁨을 주기 위하여, 악한 사람에게는 그들을 구하는 뉘우침을 주기 위하여.

25

영등포 하숙집

　1991년, 서울에서 직장생활(한국음악저작권협회 경리부)을 할 때 직장이 위치한 곳이 논현동 삼전빌딩이었다. 경복아파트 맞은편, 그 당시에는 국민은행 뒤편이었으며, 강남 YWCA가 있었던 주변이었다.

　입사 후 신림동의 대학과 친구네 집에서 1주일 얹혀 지내다가, 퇴근 후에만 근무할 수 있는 회사 주변의 독서실로 거처를 옮겨 투잡 아닌 투잡을 하며 출퇴근을 하게 되었고, 아침식사는 강남의 힐츠 칼튼호텔 신축공사 현장의 함박식당에서 먹고, 논현동 회사로 몇 개월 독서실의 총무생활을 하며 지내다가 영등포의 하숙집으로 거처를 옮겼다.

　영등포 하숙집은 기업형으로 운영되는 하숙집이었다. 아침과 저녁 두 끼를 준다. 2층 침대가 무수히 많았다. 하숙비가 저렴하였으며, 주인아주머니가 매우 친절하셨고, 식탁에서 밥을 먹을 때는 주인아주머니의 고생한 이야기를 엄청 많이 들어야 했다.

기업형이어서 그런지 그곳은 아주머니 혼자 일하기가 힘들었던 모양이다. 조선족 해외동포 아주머니가 함께 일하고 있었다. 영등포역에서 2호선 전철을 타고 역삼역에서 내려 사무실까지 도보로 이동하였다. 역에서 내리면 직장 동료들도 만나고, 함께 걸으며 이런저런 이야기도 하고, 멋지게 좋은 저 집이 누구누구 집이라더라…… 차병원 4거리 지나, 치과도 지나, 논현동물병원 지나, 사진관을 지나면 사무실로 들어가는 골목이었다. (이 사진관에서 증명사진도 찍었는데 아주 잘 찍었던 기억이 남) 치과에서 사랑니도 뺐는데……

'논현동물병원' 간판은 잘 읽어야지 '논현동 물병원'으로 지나갈 때마다 피식피식 웃었다. 그 당시 광화문과 종각 주변의 지하차도에는 수많은 중국 동포들이 약재를 판매하였던 때이기도 하다. 식당에서 일하시던 조선족 아주머니의 이야기로는 한국에 입국하여 일하는 것도 빽이 있어야 들어올 수 있다고 하였다. 자기 자신도 한국으로 치면 청와대 비서실장빽 정도 된다고 자랑하기도 하였는데, 목적은 달성하고 출국은 하셨겠지??

26

고양이
- 군 복무 기간 동안 내가 없는 빈자리를 지켜준

군 복무 기간 동안 내가 없는 빈자리를 지켜준 고양이 이야기이다. 1984년 12월 중순쯤 2학년 2학기 마지막 시험을 마치고 집에 돌아왔는데, 군입대 영장이 와 있었다. 한 달 정도 시간이 남아있었던 것이다. 1985년 1월 17일 군입대 날이다. 한 달여 기간을 남겨놓고 친구들을 동네 '다방'에서 만나 이런저런 이야기들을 하며 떠들고 있었다.

군입대를 앞두고 걱정도 되고, 군 생활이 어떨지, 이 추운 겨울 날씨에 적응을 잘할 수 있을지, 으레 그렇듯이 닥치면 못할 것이 뭐 있을까마는, 그렇게 수다들을 떨고 있는데, 다방 안에 아주 어린 새끼고양이가 한 마리 보이는 것이었다. 동물을 싫어하지 않는 터라 그 녀석을 쉐타 같은 윗도리 주머니에 넣어놓고 친구들과 수다를 계속 떨다가 고양이도 함께 집으로 오게 되었다. 고양이는 바둑무늬 고양이였다. 내가 군입대로 집을 나가고 고양이가 집에 들어온 것이다.

군 생활 1년쯤 지나서 상병 휴가 때 집에 왔더니 웬 고양이가 한 마리 있는 것이었다. 까맣게 잊고 있었던 바로 그 녀석 고양이였다. 어머니가 동네 마실을 나가면 꼭 따라와서 주변을 맴돌고 놀고 있다가 집으로 따라서 들어가고, 그렇게 아들의 군입대로 허전했을 빈자리를 고양이가 채워주었던 모양이다.

27개월의(원래 30개월이었으나 병영 혜택으로 3개월 단축됨) 군 복무를 마친 1987년 4월 16일 제대하고 집에 왔을 때 고양이는 보이지 않았다. 제대하기 1~2달쯤부터 고양이가 보이지 않았다는 것이다. 그렇게 그 녀석 고양이는 다시 볼 수 없었지만, 어디서 우연이라도 바둑무늬 고양이만 보면 군 복무로 비어 있던 집을 지켜준 그 고양이 같아서 반갑게 정이 가고 마음이 간다.

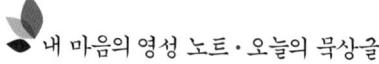
내 마음의 영성 노트·오늘의 묵상글

> 이제는 너희들이 영혼과 이성의 감각을 지닌 인간들이 아니라, 영혼도 없고 이성도 없는 개들이다. 짐승들이 사랑의 성실성에 있어서 너희들보다 낫다.

27

우리 가게에는
감정 노동자 둘이 있다

　우리 가게에는 감정 노동자 둘이 있다. 마덕구와 지단추가 그들이다. 마덕구는 경비팀장으로 근무하고, 지단추는 보안팀장으로 근무한다. 좋은 주인은 그들을 방목한다. 목사리는 하지 않는다. 산책 나갈 경우에만 하네스를 착용한다. 두 명의 직원은 창립 초기에는 근무하지 않았다. 주인의 집에서 기숙하다 주인의 요청으로 회사에 근무하게 되었다.

　마덕구는 대소변 참기, 사람처럼 주저앉기, 잠자며 웃기, 쥐잡기가 특기이고, 얼마 전 또 쥐를 잡아 과장에서 차장으로 승진되었다. 마 차장이다. 벌써 4마리째 잡은 것이다. 잡을 때마다 승진을 시켜줘야 하는데 큰일이다. 사장 자리도 넘볼 기세다.

　지단추의 특기는 애교떨기, 무조건 짖기, 코골기, 덕구에게 화내기이다. 지단추는 회사에 세운 공이 없어서 아직 승진이 안 되었다. 인턴은 끝나서 사원으로 근무 중이다. 좋은 주인도 지단추와 마덕구에게 가끔은 소리를 지른다. 고분고분 말하면 들어먹질 않기에 그렇다. 그나마 지단추는 유치원을 다니다 중퇴하여 그런지 말귀를 빨리 알아듣고 눈치를 보는데, 덕구는 배운 것도 없고, 가르친 것도 없어서 그런지 소리를 질러야 그나마 쪼끔 알아듣지 완전 상또라이 꺼벙이다. 그렇다 해도 좋은 주인은 이해하고 넘어간다. 패지는 않는다.

좋은 주인은 가끔 직원회의도 한다. 하지만 직원은 간식만 먹고 의견은 내지도 않는다. 또한, 좋은 주인은 간식을 주며 손, 발, 엎드려 등의 교육은 하지 않는다. 바빠서이기도 하지만, 역지사지로 생각해보라. 누군가 당신에게 간식을 주며 손, 발, 앉아, 일어서를 시키면 좋겠는가!

하여튼, 우리 가게 감정 노동자들이 사표를 내지 않도록 최대한 견격犬格을 존중해주며, 아침저녁 하루 2회 산책은 꼭 지키고, 명랑 쾌활하게 지낼 수 있도록 분위기를 만들어줄 것이다. 마지막으로 좋은 주인이 부탁을 한 가지 하자면, 주인은 열심히 일하는데, 밤에도 자고, 낮에도 자고, 하루종일 잠만 자냐? 그리고 또, 일이 좀 끝나간다 싶으면 졸졸졸 따라다니며 보채지 좀 마라!

일본 오염수 해양투기 대응
비상근무중 (2023.08.26)

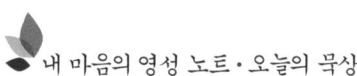 내 마음의 영성 노트 · 오늘의 묵상글

너희들 중에 은밀한 숭배를 하나나 또는 여럿을 가지고 있지 않은 사람이 누구냐? 어떤 사람에게는 아름다움이나 우아함이고, 어떤 사람에게는 자기 지식에 대한 자부심이다. 또 어떤 사람은 인간적으로 위대하게 되고자 하는 바람에 아첨을 하고, 또 어떤 사람은 여자를 대단히 좋아하고, 또 어떤 사람은 돈을 대단히 좋아한다. 어떤 사람은 그의 지식 앞에 무릎을 꿇고 하는 등등이다. 정말 잘 들어두어라. 우상숭배의 흔적이 남지 않은 사람이 없다.

28

아내에게 보낸 편지

사랑하는 아내 데레사에게
결혼 20주년을 기념하여
그리고 함께 나주순례를 다녀온 것을 기념하며,
말로 표현할 수 없는 마음을 이 편지로 전하겠소.

신앙에 대하여

보편적인 신앙을 갖고 살아가는 모든 이들은 기본적으로 '기복신앙'이 그 바탕에 깔려 있다고 생각하오. 복을 바라고, 현실의 삶에서 행복하기를 바라는 마음으로 절대자에게 기대고 기도하는 것이 인간의 기본적인 신앙의 마음일 것이라고 생각하는 것이지요. (나 역시 그 범주에서 벗어나지 않겠지요) 그러한 많은 종교 중에 우리는 가톨릭이라는 종교를 택하였고, 지금까지 이런 저런 우여곡절을 겪으며 유지하고 있는 것이고, 나와 당신의 삶속에서(우리의 삶속에서, 우리 가정의 삶속에서) "나의 신앙은 가톨릭입니다"라고 말하고 있는 것이고, (하느님의 섭리가) 아이들(부민이와 주은이)의 생활과 성장에 필요한 것들을 배우고, 가르치고, 사회인이 되고, 어른이 되는 과정 속에서도 좋은 영향을 미치리라고 여기는 것은 마찬가지일 것이고, 당신이나 내가 겪어온 신앙이, 사실 큰 감흥 없이 살아온 것(하느님이 얼마나 영향을 미쳤는지 깨닫지 못하고 살아온 것)이 사실이고, 가톨릭 신앙인으로서 최소한의 의무만 지키며 지금까지 살아온 것을 부인할 수는 없을 것이오. (우리는 분명 가톨릭 신앙인이오. 당신 부모님(장인, 장모)의 신앙도, 우리 아버지, 어머님의 신앙도 가톨릭 신앙 안에서 가톨릭 교리를 따르며 살고 있는 것도, 우리가 만나 결혼을 한 원인도 가톨릭 신앙인이었기에 가능하였지요. 신앙이 달랐다면 우린 만날 수 없었을 테니까요)

나주 성모님에 대하여

당신과 나는 많은 할 이야기가 있을 것이오. 당신은 내게 이렇게 이야기합니다. 성모님상에 빨갛게 뭔가를 바르고 피눈물 흘린다 그런다고, 다 거짓말이라고. 이번 순례 중에도 당신은 내게 그랬지요. "나주 성모님을 당신은 믿어?"라고. 나 역시도 믿기 힘든 일이 나주의 성모님 주위에서 일어났고, 그것이 거짓으로 꾸며낸 일이 아니며, "거짓입니다"라고 증언할 수 없는, 사실인 것을, 목에 칼이 들어와도 나는 부인할 수 없소! 그것은 사실이오. 또한 그것을 이용하여 부를 축적하였다고 이야기하는 것은 반대자들의 주장으로, 하느님의 구원사업을 방해하는 악의 무리가 저지르는 술책이며, 죄의 수렁에 빠진 영혼들이 회개할 수 없도록 나주 성모님을 차단하기 위해 퍼트리는 거짓이라고 분명히 말하겠소.

그분의 가정과 그분에 대하여 당신이 얼마나 알고 있는지 모르겠지만, 적어도 내가 접하고 알고 있는 그분의 가정과 그분들이 살아온 과정에 대하여 제대로 알고 있는 사람들은 세상의 비난을 당할 만큼 그분들이 헛되게 살아온 분들이 아님을 보증하고, 특별히 예수님을 알고 가톨릭에 세례를 받고 살아오면서 교회의 가르침을 따르지 않은 경우가 없었음을 우리는 알고 있소. 내가 율리아님의 가정사 중 아직도 이해하지 못하고 있는 감동받은 이야기 한 가지만 말하리다. 율리아님의 큰딸은 (중략) 만약 우리가 그러한 일을 당하였다면 당신이나 나나 어떠할 것 같소? 이것은 한가지 사례에 불가하오.

내가 아는 율리아님은 참으로 불쌍한 사람이오. (인간적인 눈으로 바라보면) 예수님과 성모님을 너무나도 사랑한 나머지 세상 사람들의 손가락질을 마다하지 않고, (단지, 예수님과 성모님에 대한 사랑만이 마음에 가득한 사람이지요) 만일 당신이, 당신이 알고 있는 친한 친구에 대하여 근거 없는 비방과 험담을 내가 당신에게 한다면 당신은 나를 어떻게 설득할 것이오? 설득할 필요도 없을 것이오. 그냥 무시하면 되니까 말이지요.

마찬가지로, 내가 알고 있는 내 친구에 대하여 당신이 험담과 비방을 한다면 나 또한 당신에게 올바르게 알려주려고 할 것이고, 그렇지 않다고 설득할 것이오. (설득할 필요가 있다면 말이지요) 나주 성모님의 일도 마찬가지요. 나주 성모님 문제로 우린 싸우기도 많이 싸웠지요. 나 역시도 그러한 부분에 대하여 당신에게 오히려 미안하기도 하오. 내 고집을 접고 당신이 원하면 나주 성모님을 끊어버려야 하는데, 오히려 "당신과 못 사는 한이 있어도 나주 성모님을 끊을 수는 없어"라고 당신을 더욱 자극하였으니 말이오. 이혼의 위기에서도 이혼은 절대 불가하다고, 어찌 되었든 하느님이 맺어준 혼인성사의 은총을 인위적으로 끊어버리고 살 수는 없다고, 하지만 그런 믿음을 나주 성모님이 갖게 해주었고, 나주 성모님을 몰랐다면 오히려 당신과 나는 헤어져 살아갈 수밖에 없었을지도 모른다는 생각을 하게 되니, 이 또한 지금, 바로 오늘을 살아가고 있는, 현재 우리가 소유한 행복한 순간이 아닌가! 하고 주님과 성모님께 감사하게 생각하고 있소. 나 자신, 나 좋아라고 열심히 나주 성모님께 다녀오고, 아예 나주 가서 남은 평생을 산다고 해서 당신이나 애들이 어떻게 살아가든 방관한다면, 그것이 내 맘에 평화가 오겠소?

현재의 아이들 신앙생활도 마찬가지요. 지금 길들여 놓지 않으면 더 큰 화를 당하고 나서야 신앙을 찾고 주님을 찾는 우를 범하게 될 것이오. (그나마 그렇게라도 가톨릭 신앙에 다시 돌아오고 찾는다면 다행이지겠지만) 그것을 내다보니 소 잃고 외양간 고치기 전에 신앙생활을 하도록 하고자 하는 것이 내 맘이라오. 그리고 더 늙어서 당신이나 나나 호호 할아버지, 할머니가 되면 무슨 일로 하루의 낙을 삼아 살아가겠소. 그저 지금부터 열심히 신앙 안에서 말씀 듣고 위안 삼아 살아가고 욕심 버리면 그것이 즐거움 아니겠소? 뭣을 더 바라오!

눈과 귀를 막지 말아요

당신은 눈과 귀를 막고 있소. 보려고 하지 않고, 들으려 하지 않고, 알려고 하지 않고, 나와는 전혀 상관없는 일이라고 말하고 있소. 그렇소. 나주의 일들이 나와 무슨 상관이란 말이오. 우리 가정과 행복에 어떤 도움을 주나요? (이 부분은 더 시간이 지난 뒤에 알게 될 것이라고 판단되어지지만, 당장엔) 전혀 도움을 안 주고, 오히려 우리 가정에 분열을 끼치고 있소. 분열을 끼쳤소. 당신과 나와의 사이에 분열을 조장했고, 나주 성모님 때문에 우린? 아니 나는 많은 눈물을 흘렸소. 왜 이렇게 어려움을 주십니까? 왜 이렇게 제 아내가 나주 성모님을 외면하고 알려고 하지도 않습니까?

지금으로부터 8년 전인 2006년 1월 7일 처음으로 나주에 놀러 간 날이었소. (당신도 알다시피 그 당시 나는 성당에는 나가지도 않고, 냉담 중이었고, 연말연시 흥밋거리로 눈물 흘리는 성모님이 계시다는데 가볼까? 하고 나주엘 갔던 것 기억하오?) 그 이후 어땠소? 당신은 내게 미쳤다고 이야기하였소. "그럴려면 나주 가서 살아라"라고 말하였소. 그리고 우리의 사이는 더욱 악화되어 가고, 우리 가정은 더욱 늪으로 빠지는 듯하였소. 아니 나주 가서 열심히 기도하여 성가정 이루도록 해달라고 하는데……

그리고 8년이 지난 (어제그제) 2014년 1월 4일 당신과 주은이를 데리고 나주를 갔소. 그때보다 더 열악한 환경 속에서 변한 것 없이 밤새 기도하고 돌아왔고, 물론 당신도 큰 뜻 없이 그저 내가 가자고 하도 보채니까 그냥 따라가 준 것, 믿음이 있어서 간 것이 아니란 것을 모르는 바 아니오. 하지만 난 의미가 다르오. 내가 나주에 기도하러 가는 것이 놀러가는 것이 아니라는 것을 보여주고 싶었고, 나주에서의 철야기도가 힘들다는 것, 그곳에서의 식사가 세상의 멋들어진 반찬에 훌륭한 식사가 아니라는 것, 불편한 기도 장소에, 열악한 주위환경에 어렵게 어렵게 기도한다는 것을 보여주고 싶었소. 그러한 것을 보여주고 알려주고 싶었소. 왜냐고? 그것은 당신이 지금은 모를 것이오. 시간이 더 흐르고 지났을 때, 그때에 당신이 이해할 날이 올 것이오. 분명히 올 것이오. 그때 웃으며 다시 이야기합시다.

내가 알게 된 교회 내의 기적과 같은 또 다른 사례들

처음 나주 성모님을 보았던 그날, 그렇게 눈물 흘리고 피눈물 흘리신 나주 성모님을 보았던 그날 이후, 변화된 나 자신을 바라보며, (당신이 미쳤다고 말할 정도로 변화된) 나주 성모님에 대한 많은 자료들을 찾아보았고, 성체가 하늘에서 내리고, 성혈이 내리고, 오상의 흔적이 몸에 내리는 것이 가능할까? 그러한 일들에 대한 교회 내의 또 다른 사실, 내가 찾은 우리 시대의 또 다른 성인으로 오상의 성 비오 신부님이 있었던 것도 알게 되었소.

피에트렐치나의 성 비오(1887~1968년)는 50년간 발과 손과 옆구리에 예수님상의 흔적이 드러났으며, 수많은 기적적인 병 치유가 이 수도사제의 간구를 통해서 이루어졌고 예언, 신비한 향내, 두 곳에 동시에 존재하는 현상, 공중부상 등 설명할 수 없는 현상들이 증언되었으며, 태어날 때부터 눈동자가 없어 볼 수 없었던 소녀 젬마양이 보게 된 것이라든지, 다이너마이트 폭발로 실명한 오른쪽 눈으로 다시 보게 되었다는 조반니 사비노의 기적적 치유는 과학으로 설명이 불가능한 이야기들이다. (이상 인터넷 검색 내용임)

내가 살았고, 살고 있었던 같은 시대에 이탈리아에서 일어난 사건들이오. 그리고 그것은 이미 교회가 인정한 사실이고, 기적이고, 하느님의 일로 판명된 인간의 지식과 과학으로는 납득할 수 없는 현상의 일이었소. 나주를 믿지 못하겠거든 '오상의 성 비오' 신부님의 일을 통하여서라도 믿기를 바라는 마음이오. 열심히 기도하기를 바라는 마음이오. 성체를 가까이하고 늘 모시기를 바라는 마음이오. 이것이 내가 당신께 바라는 소망이라오. 내세의 삶을 믿으라는(부활신앙을 믿으라는) 우리 교회의 가르침을 잊지 말라는 것이오. 이러한 불가사의한 현상들이 바로 한국의 나주에서도 일어나고 있으며, 나주 성모님의 보이지 않는 현존을 통하여서도 단 한 영혼이라도 구원을 바라는 주님과 성모님의 간절한 구속사업인 것이오. 교회의 사명을 세상 사람들에게 알리기 위해 일어나고 있는 기적적인 일들인 것이오. 한 가지 중요한 사실을 더 알려주겠소.

윤홍선(율리아)님은 지난 PD수첩을 통하여서도 밝혀진 사실이었지만, 성모님의 향기가 그분의 몸에서 나온다는 것과 천상의 향기가 난다는 것이오. (이것도 거짓이라고 보시오?) 오상의 비오 사제가 50년간 몸에 받은 오상의 흔적에서 신비스런 향기가 나왔던 것처럼 말이오. 그러한 천상의 향기가 그분(율리아)의 분비물에서 흘러나온다는 것을 어찌 인간의 지식과 과학으로 이해할 수 있겠소.

이러한 모든 것이 사실이며, 우리가 살고 있는, 당신과 내가 살고 있는 대한민국의 나주에서, 이 시대에, 바로 지금 일어나고 있는 현상이며, 우리는 그것을 목격하고, 참으로 주님과 성모님이 현존하고 계시다는 것을 체험하였고, 목격하였기에 세상에서의 유한한 삶을 어떻게 살아야 하는지, 무엇을 위해 살아야 하는지 깊이 깊이 깨닫고 반성하며, 우리의 사명을 다하여야 한다는 것을 잊지 말아야 한다는 것이오. (그것은 단 한 영혼이라고 구원하기 위한 주님과 성모님의 사명이기도 하지요. 우리는 잠시 잠깐 사용되어지는 도구이고……)

난 당신과 함께 하느님의 품으로 돌아가고 싶소. 당신이 거부해도 난 그것을 원하오. 내가 안타까운 것이 바로 이것이오. 왜 보려고 하지 않소. 왜 들으려 하지 않소. 나주 순례자들? 나주를 찾는 사람들? 그들이 불쌍하다고 생각하오? 세상 사람들의 눈으로는 그럴 것이오. 하지만 나주를 순례하는 사람들은 하느님의 은총으로 나주 성모님을 알게 되었고, 받아들이게 되어 기쁘게 살아가고 있다고 증언하오. 나 역시도 그렇게 증언할 수 있소.

그렇지만 그것이 내 가족에게도 전하여지길 바라는데 받아들여지지 않으니 얼마나 속이 타겠소. 당신이 알고 있듯이 내게도 허물이 많고, 부족한 것이 많고, 올바르게 살지 못하고, 죄 많고 악습이 많은 그런 사람이오. 이런 사람이 어떻게 하느님을 모시고, 주님을 전하고, 성모님을 전하는 사람이라 할 수 있을지 부끄럽소.

당신이 나주순례를 반대할 때 "제 아내가 나주 성모님을 받아들이게 해주세요"라고 기도하고는 집에 와서는 또 싸우고, 그럴 때마다 왜 나는 아내의 부탁을 들어주지 못하나? 이렇게 싸우면서 왜 나주를 가야 하나? 그런 마음이 없었던 것도 아니라오.

내가 바라는 행복

결혼 20주년, 지지고 볶고 살아온 지난 20년, 앞으로 얼마나 더 살고 세상을 떠날지 모르겠지만, 앞으로의 여생도 잠깐이면 지나갈 것이오. 사람에게서 받는 위안도 기쁨을 주겠지만, 주님과 성모님에게서 받는 위로와 평화는 세상의 모든 것을 능가하오. 그것을 느껴보기를 간절히 바라겠소.

내가 결혼하기 전에 가졌던 소박한 꿈이 몇 가지 있었소. 아들을 낳아 그 아들이 내 등을 밀어주는 것, 그리고 성당에 나가 온 가족이 나란히 앉아 기도하는 것, 우리 가족이 함께 모여 기도하는 것이오. 매일이 아니라도 좋소. 주일날 성당에서라도 좋소. 그저 함께 우리 식구 넷이서 기도 손 하고 주님을 바라보며 기도하는 것이 나의 희망이오. 성가정을 이루는 것이 꿈이오. 믿음 안에서 하나 된 가정! 엄마와 아빠, 아들과 딸 이렇게 넷이서 말이오.

2014년 6월 5일이면 결혼 20주년이 되는구려. 고생하며 함께 살아준 당신을 위해 맛난 것 사주고, 기념품도 사주고, 기념여행도 가고 싶소. 하지만 그러한 것들은 이벤트일 것이지만, 일회성 행사에 그치지 않고 매일매일의 삶이 이벤트 행사이도록 이제 남은 생을 서로에게 더욱 의지하며, 서로를 존중해주며 살아갑시다.

우리 결혼 20주년 기념일에 우리 식구 넷이서 기도 손 하고 주님께 기도드리고, 성모님께 감사하다고 기도드립시다. 요셉과 데레사와 알베르또와 클라우디아 이렇게 넷이서 가정 성화가 이루어지게 해달라고 기도드립시다.

+ 사랑의 주님 그리고 성모님

결혼 20주년을 맞은 저희 가정에 축복하여 주시옵소서. 주님을 잊지 않고 살아가게 하시옵고, 성가정의 모범을 보이며 살아가도록 하여주시고, 앞으로의 삶도 주님을 증거하며 살아가게 하시오며, 세상 끝날에 저희 가족 모두의 영혼이 주님의 것이 되옵게 하시옵고, 또한 천상에서 다시 만나 영원한 행복을 누리게 하소서. 아멘.

- 2014년 1월 6일 저녁 9시 17분

요셉 보냄

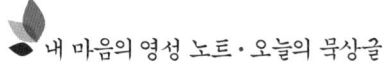

내 마음의 영성 노트 · 오늘의 묵상글

하느님의 말씀을 듣고 그 말씀이 시키는 것을 실행하려 애쓰는 사람들은 대단히 행복한 사람들이다. 나를 사랑하기 위하여 나를 알고자 하는 사람들은 매우 행복하다. 그들 안에서 그들을 위하여 나는 축복이 되겠다.

29

소풍

　초등학교는 3월이면 새 학기가 시작된다. 고향인 충북 진천 읍내의 삼수초등학교가 모교이다. 매학년 봄엔 소풍을 간다. 진천에서 소풍을 가는 곳은 거의 진천 백곡저수지로 갔던 것으로 기억한다. 소풍 가는 날은 김밥을 싸서 나무 도시락에 담아 사이다와 함께 가방에 넣어 들고 학교엘 간다. 학교에서 저수지까지는 1.5km 정도 된다. 학교에서 출발하여 저수지까지 이동하는데 버드나무 가로수의 비포장도로를 걸어서 간다.

　요즘은 소풍 때에도 차를 대절하여 명승고적지를 다녀오곤 하지만, 예전엔 그 지역의 적당한 장소에 가서 점심 먹고, 보물찾기하고, 장기자랑하고 돌아오곤 하였다. 소풍의 목적지에 도착하여 점심을 먹을 때면 사이다와 김밥의 조합은 가히 일품이다. 물론 물도 소풍 갈 때 어깨에 메는 물통이 있기도 하였지만 맹물을 먹기보다는 달달하고 톡 쏘는 맛의 사이다를 먹게 된다. 그것도 따뜻해진 사이다와 김밥을 먹는 것은 그 시절에만 맛볼 수 있었던 추억의 김밥 맛이 되었다.

　소풍 가면 그곳에는 수많은 장사꾼들이 몰려든다. 솜사탕, 달고나 띄기, 장난감, 먹거리 등 그것을 구경하고 사 먹는 재미도 쏠쏠했다. 소풍 갈 때면 부모님은 동생과 내게 똑같은 금액의 용돈을 주었다. 그러면 나는 용돈을 다 까먹고 돌아오는데, 동생은 용돈을 아껴서 아버지 담배라도 한 곽 사다드린다. 요즘에는 담배를 팔지 못하지만 그때에는 미성년자에게도 담배는 팔았다. 용돈을 아껴 담배를 사온 아들이 얼마나 기특하셨을까? 그런 아들에게 아버지는 담뱃값에 상응하는 용돈과 플퍼스 알파를 또 주셨다. 난 뒤지게 혼나고……

　진천 백곡저수지는 충청북도 진천군 진천읍 건송리에 있는 저수지이다. 1981년에 착공하여 1984년에 준공되었으며, 농어촌정비법에 의한 농업 기반 시설로 관리되고 있다. 백곡저수지는 동양에서 유일하게 사이폰식 저수지였으나, 1981년 저수지 확장 축조 공사를 시행함에 따라 게이트식으로 변경되었다. 충청북도 내 저수지 중 담수량이 가장 많은 저수지이다. 저수지 제당 밑으로 역사 테마공원이 자리 잡고 있어 편안한 휴식처를 제공하고 있으며, 상류로 이어지는 34번 도로는 저수지 주변으로 펼쳐지는 화려한 경관과 오르막, 커브길이 적절히 조화되어 있어 드라이브의 묘미를 즐길 수 있다.

장마철에는 사이폰식 저수지에서 물이 뿜어져 나오는 것을 구경하러 찾아가곤 하였다. 물이 솟구쳐 위로 올라가는 것을 지켜보고 있노라면 웅장한 소리와 함께 치솟았다가 떨어지는 하얀 포말들이 장관을 이루었다. 이후 사이폰식 저수지가 수몰되어 댐을 완공할 당시 대통령이 헬기 타고 온다고 하여 잔디가 없어서 모판을 깔아 위장하여 행사를 마치고 돌아갔다고 한다. 보여주기식 전시행정의 일례로, 우리가 어려서 갔던 백곡저수지에 드리워진 일화로 기억에 남게 되었다. 백곡저수지의 주변에 산책 둘레길을 만드는 것이 꿈이었는데, 지금이라도 만들어볼까?

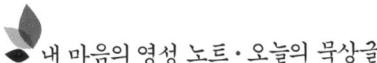
내 마음의 영성 노트·오늘의 묵상글

> 탐욕을 가지지 말아야 한다. 죄의 원인이 되는 물건을 탐하는 마음이 있는 한 뉘우침이 말에만 있고, 정신에는 참다운 변화가 없는 것이다.

30

이 세상 모든 것이 사라진다 해도

이 세상 모든 것이 사라진다 해도
──────
(KOMCA 회보 1993년 6월호 게시글입니다)

누구에게나 좋아하는 노래와 음악이 있을 것입니다. 그것은 그것을 창작한 (작사가, 작곡가, 편곡가 등) 음악인들이 존재했기에 가능한 선물일 것입니다. 그것은 그 개인의 정신적인 산출물이며, 재산적 가치가 있는 개인의 소유물입니다. 창작하는 분(저작자)이 있고, 사용자가 있어 이를 원활히 이어주는 곳이 우리 협회라고 보면 좋을 줄 압니다.

그러나 우리 국민 중의 대다수는 '저작권법'이 무엇인지, 그것이 어떤 내용을 포함하고, 어떻게 저작권자들의 권리와 권익을 보호해주는지, 또는 사용자에게 어떤 편익을 제공해주는지 등을 알고 있는 이는 많지 않을 것입니다. 더구나 방송국에서 음악을 사용한 대가로 그들 음악의 창작자들인 작사, 작곡자들에게 창작품의 정신적인 산출물(음악저작물)에 대한 사용료를 어떻게 보상하는지를 알고 있는 이는 더욱 많지 않은 줄 압니다.

언젠가 외국의 유명한 가수이자 작곡자인 폴 메카트니의 음악저작물에 대한 작품료 수입이 대단하다는 이야기를 얼핏 들은 적이 있습니다. 그만큼 음악이 우리에게 주는 즐거움에 대한 보상으로 음악인들에 대한 대우가 문화정책의 측면에서의 보호와 관리에 대한 정책적인 지원이 선진국일수록 현저하다는 것을 느끼게 했습니다.

우리 협회의 1993년도 징수 목표액이 일백억 원입니다. (사무처의 일반 회계예산과는 구별을 하여야 함) 일백억 원의 예산액이 많다고 하면 많은 액수이지만 우리 저작자들에게는 아직도 미흡한 액수일 수도 있는 예산입니다.

예를 들어, 작년도 우리나라의 1인당 수입이 6,749달러라고 합니다. 3인 가족 기준으로 계산을 하더라도 1가구당 적어도 20,249달러(한화로 약 1천 6백만 원 정도)는 수입이 있어야 그나마 우리나라 국민 총생산액에 해당하는 기본 수준은 된다고 볼 수 있습니다. 그렇다면 '음악저작자'의 GNP는 어느 정도일까요? 예산 총액을 기준으로 전체 회원에게 똑같이 배정하여 나눈다고 할 경우, 1인당 회원 여러분의 작품료 금액은 대략 다음과 같습니다.

일백억 원 / 1,650명 = 6백 6만 원(연간 개인별 평균소득)
이것을 다시 12개월로 나눈다면 각 저작권자(회원) 1인당 월평균 소득이 될 것입니다.
6백 6만 원 / 12개월 = 50만 5천 원

사실 이런 계산을 해본다는 것은 다소 숫자 장난에 불과한 감도 없지 않습니다. 음악저작권협회 회원들의 1인당 평균 월소득이 이 정도라면, 우리 협회에 대한 회원 여러분의 작품료 수입은 결코 많은 금액이라고 생각할 수는 없다는 것을 말씀드리려는 것입니다.

여기서 우리는 한 가지 짚고 넘어가야 할 것이 있습니다. 그것은 '창작'을 자기 자신의 본업으로 삼아 열심히 매진하는 회원이 대다수이며, 아울러 음악을 좋아하고 음악을 사랑해서, 또는 자기의 노래를 갖고 싶은 이유로(취미생활 정도로) 창작품을 발표한 회원들은 극히 일부에 지나지 않다는 점입니다. 그래서 많은 작품을 발표했거나 계속하여 창작을 발표하는 회원들이 있고, 그렇지 못한 회원들이 있는 것이지요. 결국 작품이 많이 있고, 대중들의 많은 사랑을 받는 음악저작자는 그만큼 상응하는 대가가 지불된다는 것입니다.

앞서 계산된 50만 5천 원의 수입으로 (창작에 따른 일체의 경비는 없다고 보았을 경우임) 창작인들의 생활이 가능하다고 생각하는 사람은 없을 것입니다. 그것은 다만 우리들이 늘 가까이에서 듣고 부르는 음악창작물(대중가요, 가곡, 동요 등)을 만든 이들에 대한 예우(?)로서도 만족할 만한 보답은 못 된다는 생각까지 듭니다.

한편 협회의 경리업무와 '비영리법인'의 '조세부과'에 대한 몇 가지 말씀을 드리겠습니다. 우선 원천징수 영수증에 대해서입니다. 소득세법에서 열거한 소득의 분류(이자소득, 배당소득, 부동산소득, 사업소득, 근로소득, 기타소득)에 의하면 회원 여러분이 협회로부터 받게 되는 저작작품의 작품료 수입은 '사업소득'에 해당됩니다. 물론 승계자와 작품을 양도받은 자는 소득세법 제25조 1항 제5호의 규정에 의해 '기타소득'에 해당하는 것입니다.

사업소득자의 원천징수는 소득세법 제144조 제3호의 규정에 의거 100분 1을 차감하여 원수징수한 소득세를 그 징수일이 속하는 달의 익월 10일까지 관할세무서에 납부하는 것입니다. 그리고 회원 여러분은 협회에서 송부한 원천징수 영수증을 모아두었다가 이듬해 5월 말까지 주소지 관할세무서에 종합소득세(사업소득세 외

다른 소득 발생액과 합산 계산함) 신고를 하시면 되는 것입니다.

본 협회 일반회계의 수입은 그 성격상 회원들의 차등적인 회비의 성격인 것입니다. 일률적으로 모두에게 균등한 회비를 징수한다는 것은 위탁관리 저작물의 많고 적음에 따라 공평하지 못하기 때문에 저작관리 작품의 작품료에 비례한 일정액의 관리수수료(주무관청의 승인을 받음)로 일반 회계경비에 충당하는 것입니다.

KOMCA의 업무 성격상 '저작권 집중관리단체'로서 세무 당국이 접근하는 '대리' 또는 '중개업'으로 KOMCA를 이해한다면 저작권법의 위탁관리업규정(저작권법 78조)에 대한 이해가 부족한 것이라 아니할 수 없습니다. 나무는 보되 숲을 보지 못하는 것이지요. 하지만 세무 당국의 논리도 이해를 못하는 것은 아닙니다(대리행위에 대한 수익사업으로 간주함)만, 일반적인 대리나 중개업의 유형으로 KOMCA를 분류한다면 그것부터 이해의 출발이 잘못된 것입니다. 또한 법인세법 통칙 1-1-8-1(수익사업과 영리사업의 구분) 제2항(수익사업에서 생긴 소득으로 보지 아니하는 것) 마호(저작권의 사용료로 받는 인세 수입)의 규정을 유권해석하더라도 조세 부과에 대한 문제에 어느 정도는 해결의 실마리를 찾을 수 있으리라 여겨집니다.

실질적인 효율면에서 세금을 부과하는 것이 조세 당국이나 음악 문화의 향상 및 발전이라는 본 협회의 설립 취지 및 문화 발전의 차원에서 협회와 문화체육부 및 국세청 당국 간의 부처 간 실익을 기대하기는 어렵다 할 것입니다. 영리를 목적으로 이윤만을 추구하는 이익단체가 아닌 최소한의 필요경비만을 사무처 예산으로 정하고, 이에 따른 관리 수수료율을 문화체육부로부터 승인받고 있기 때문입니다.

협회의 발전은 그냥 주어지는 것은 아닐 것입니다. 회원 여러분의 훌륭한 창작활동과 사무처 직원들의 징수 분야 개발, 그리고 음악저작물의 효율적인 관리에 따른 법적, 제도적 개선안의 마련, 그리고 합리적인 사무처 경영의 제고 등이 함께 이루어져야 할 것입니다. 그것이 하루아침에 이루어질 수는 없겠지만 부단한 노력과 직원과 회원 여러분의 관심과 적극적인 자세로 저작권 집중관리단체로서의 본연의 업무에 충실할 때, 직원 각자가 자기 역할을 충분히 소화해 나갈 때에 KOMCA의 미래 가치는 더욱 빛날 것입니다. "이 세상 모든 것이 사라져도 음악은 영원히 살리라. 음악은 영원히 우리 곁에 있으리라"

부가가치세법 시행규칙 제34조 면세 범위

1993년 조세 당국의 한국음악저작권협회에 대한 부가가치세 면세에 대해 과세 입장을 밝히면서 협회의 논리와 주장을 정부 측에 제출하였고, 이후 조세 열거주의에 의해 시행규칙 개정을 통해 부가가치세 면세조항으로 명시되었다.

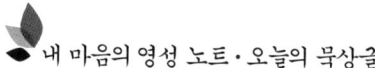
내 마음의 영성 노트·오늘의 묵상글

> 그의 영혼은 뉘우침의 결과로 다시 순결하게 될 것이다. 나는 누룩이다. 이것은 내 말이 누룩이라는 뜻이다. 준비된 밀가루에 섞여서 그것을 부풀어 오르게 하고, 그것으로 빵을 만든다. 그러나 그것은 '영혼의 의지'가 작용하는 오랜 작업이다.

31

존재하는 것만으로도 감사하고

존재하는 것만으로도 감사하고, 행복하다.
무엇을 더 바라겠는가!

감정을 소모하지 말라. 나를 알아주지 않는 사람에게…… 인간은 감정의 동물임에 틀림없다. 내게 호감을 주거나 칭찬, 격려, 위로의 이야기들은 신나고 감정을 밝고 환하게 해주며, 기분이 좋아져서 힘든 것도 모르고 사기충천한다. 하지만 그 반대로 기분을 다운시키는 잔소리들은 하던 일도 망설이게 되고, 주저하게 되며, 의욕이 안 나고, 심지어 우울증에 대인기피증으로 삶의 의미도 잃어버릴 지경에 이른다. 그만큼 사람은 감정의 동물이며, 인정받고 싶어 하는 욕구를 가지고 있는 것이다.

우쭈쭈~ 우쭈쭈~ 아이들에게 작은 일이라도 잘했다고 칭찬을 해주어 봐라. 얼마나 신나 하는가? 아이들뿐이겠는가? 어른인 나도 칭찬하면 기분이 좋아지는데. 물론 우리의 정서상 칭찬의 말들보다는 잔소리 성격의 야단치는 말들이 익숙하고, 그것이 교육적인 효과가 더 있을 것으로 생각이 들어 당장의 행동을 통제하고 교정하기 위해 무엇무엇 하지 마! 라는 직설적인 부정어를 사용하여 자녀에게 훈계한다. 사랑의 표현에, 긍정의 표현에 인색한 것은 사실이다.

세월호 참사를 기억한다. (2014. 4. 16. 일요일) 수행여행을 가던 학생 등 승객 300여 명이 사망실종된 사건으로 국민 모두에게 큰 충격을 안겨주었던 사고였다. 같은 또래의 학생을 두고 있었던 학부모 입장이어서 더욱 마음이 아팠고, 슬펐던 사건으로 이후 아이들에게 부정적인 잔소리는 일절 하지 않게 되었다. 자녀의 일상과 우리 자신들의 일상이 무너지고 사라지지 않고, 존재하고 있는 것 자체로도 감사해야 할 일이기에 그러하다.

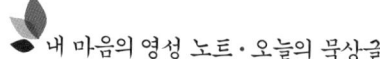
내 마음의 영성 노트 · 오늘의 묵상글

> 영혼이 육체보다 먼저 죽을 수 있음을 알고, 썩어가는 영혼이 너희 안에 지닐 수 있다는 것을 알아라. 영혼의 죽음은 대단히 깨닫기 어려운 것이다.

32

멀티태스킹 Multitasking
- 정신 똑바로 차리고 살자!

　멀티태스킹Multitasking은 한 번에 몇 가지의 일을 하는 것, 즉 다중 과업화라고 하며, 일상의 일을 진행함에 있어서 동시에 일처리를 하도록 하는 것이다. 테일러의 과학적 관리기법 시간연구, 동작연구는 고등학교 기술시간에 배운 것으로 작업자의 한정된 공간에서의 시간과 동작을 바탕으로 표준작업량을 측정하여 효율적인 생산량을 예측하고, 작업자의 태업이나 업무 부주의를 미연에 방지한다는 효과는 있었지만, 작업자를 기계화한다는 비판이 있다.

　산업현장에서의 기계화는 가속되어 가고 있다. 라인을 탄다고 한다. 생산라인은 일정 속도로 컨베이어가 움직이기 때문에 작업자는 컨베이어 라인이 멈추지 않는 한 기계와 함께 움직이고, 부여받은 공정 중의 반복된 작업을 수행해야 한다. 일상의 삶인 생

제1장 뉘우치는 마음 · 115

활에서 살펴보자. 시간이라는 컨베이어 라인은 흐르고 있다. 모든 인생의 큰 흐름에서의 작업공정 라인이다.

태어나서 성장하고 청소년기를 거쳐 성인이 된 후 중년, 장년, 노년이 된다. 이제 작업공정 라인에서 나는 완성품이 되어 멈추게 되는 죽음을 접하게 되고, 시간은 멈추지 않고 흘러 삶이라는 인생의 마침표를 찍게 된다. 시간의 컨베이어에 올라탄 이상 제품이 완성되기 전에는 시간 위에서 내려올 수 없다. 모든 인간에게 동일한 속도로 이동하고 있다. 시간의 흐름 속에 자기 자신 스스로 제품을 완성해 나가야 한다. 지식을 쌓고, 견문을 넓히고, 목표를 정하고, 목적지를 정하고, 배우자를 만나고, 자녀를 낳고, 이후 자신의 삶을 살아가는 모든 것이 시간 속에 이루어지며, 짧은 그 시간 안에 선택하여 자신의 제품을 만들어 나가는 것이다. 그러하니, 동일하게 주어진 시간 안에 멀티태스킹은 얼마나 중요한 일인가? 동시에 일을 하게 하고, 시간을 효율적으로 사용하는 것은 생각하고 연구할 과제이다.

인생의 큰 흐름에서 바라보는 멀티태스킹의 중요한 또 한 가지는 그 연령대가 아니면 할 수 없는 경험일 것이다. 어려서 할 수 있는 경험들, 청소년 때, 청춘 때, 결혼한 신혼 때, 아이를 낳고 키우며 때에 맞는 경험, 때에 맞는 결과물들, 그러니 준비하고 때를 기다려야 하지 않겠나! 이미 경험한 것은 다른 이들과는 차별화된 그 무엇일 것이다. 그것이 경쟁력이 있도록 만들어가면 된다. 그것이 나를 나답게 하는 것일 테니까 말이다.

또한, 멀티태스킹을 매일매일 연구하며 살아보자. 자영업을 하면서 멀티태스킹의 필요성을 몸으로 느끼고 있다. 시간 절약과 불필요한 동작의 낭비를 차단하고, 공정을 단순화하여 효율성을 극대화하는 방법을 찾아보자는 것이다. 며칠 전 정신 못 차리고 냄비에 청국장을 끓이다 태워 먹었다. 멀티태스킹의 잘못된 사례이다. 손이 더 가는 멀티태스킹은 하지 않도록 주의한다. 하지만 이것조차도 어찌 보면 뉘우칠 수 있는 경험으로 받아들이면 된다. 인생의 하는 일 모두가 성공만 한다면 실패의 경험이 더 많은 교훈으로 기억에 남지 않을까?

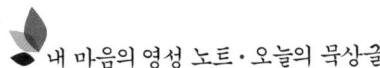
내 마음의 영성 노트·오늘의 묵상글

> 완전한 신자의 비결 중의 하나는 결코 하느님에 대한 질문자로 자처하지 않는 것이다.

33

이별이 슬프다

"모든 것이 헛되고 헛되도다" 다윗의 아들 솔로몬왕이 전도서 1장 2절에 남긴 말이다. 인생의 부질없음을 깨달아 삶의 종착지점에 다다른 심정을 이야기한 것이다. 한 줌의 흙으로 돌아갈 육신은 자연의 섭리이며, 왕으로서 누리고 살았던 지나온 인생의 부귀영화가 꿈을 꾸듯 지나갔을 것이리라. 아니면 달관한 마음의 넋두리였을까?

이제 나는 무엇이라 하겠는가? 무엇이 헛되고, 무엇이 헛되지 않은가! 이제 죽어도 여한이 없다, 라는 말을 한다. 평생의 소원을 이루었을 때 남기는 유언일 것이며, 만족한 삶을 살았을 때 남기는 말일 것이다. 여한이 없다, 라고 하는 말, 하지만 그 이면에는 아쉬움도 남아 있을 것이다. 모든 것이 헛되다고 읊조린 왕처럼 말이다.

인생이 무엇일까? 사는 게 무엇일까? 넓은 우주에 인간의 존재란 무엇인가? 자연은? 하늘의 별들은, 시간은, 영원한 것은 무엇인가? 죽음 이후에 또 다른 세계는 과연 있을까? 믿음이 없으니 삶이 무너지는 것이다. 믿고 신뢰하는 마음, 그래서 그분은 우리에게 이렇게 이야기한다. "너의 믿음이 너를 살렸다"라고. 죽음이 두려운 게 아니라 이별이 서글픈 것이다. 그래서 마음이 아프다.

 내 마음의 영성 노트·오늘의 묵상글

성인이 되겠다는 걱정스러운 소원, 이 걱정이 영원한 생명의 뿌리가 된다.

내 마음의 영성 노트 · 오늘의 묵상글

나는 순결의 가치를 강조한다. 순결은 언제나 생각이 명철한 근원이다. 세상 사람들은 순결한 사람들을 비웃는다.

제2장

미소짓는 마음

01

내일 할 일을
오늘 당겨서 하자

　새해가 시작되었습니다. 새로운 시작! 처음은 늘 떨리고, 들뜨고, 기대되고, 어설프고, 간절하고, 탄생이기도 합니다. 시작은 새로운 생명의 탄생이며, 이쁘고, 경이롭고, 모든 탄생은 기쁨이어야 하며 축복받아야 합니다. 그래서 시작은 거룩하고, 신비롭고, 행복하고, 아름다움인 것입니다. 또 한 해의 시작인 새해가 밝아옵니다. 지금까지의 수많은 새해가 있어왔고, 앞으로 남아 있는 삶에서 또 다른 새해가 오고 갈 것입니다.

　그렇다면 새해의 첫날만 시작일까요? 아닙니다. 절대 아닙니다. 오늘, 바로 새로 시작하는 첫날이면 그날이 시작인 것입니다. 당장 시작합시다. 무엇이든 생각한 것을 이루기 위한 방법을 찾기 위한 첫 삽을 뜨고 행동합시다. 시작과 끝은 동일하며 시간은 흐르는 듯 존재하는 것입니다.

시작이 있으면 끝이 있고, 끝이 있으면 시작이 있습니다. 이렇게 시작과 끝은 서로 동반하여 이루어지는 것이며, 아울러 "시작이 반이다"라는 말이 있듯이, 어떠한 결심을 하고 일의 진행에 있어서 시작도 하지 않고 구상만 한다면 이것 또한 생각으로 그치기 때문에 아무런 의미가 없을 것입니다.

많은 시작을 하였고, 시작이 있었으며, 많은 끝이 있었습니다. '백문이 불여일견'이라 했으며(백 번을 듣는 것보다 한 번 보는 게 낫고) '백견이 불여일행'이라고도 합니다(백 번을 보는 것보다 한 번 행동하는 게 낫다). 실천이 중요하고, 행동이 중요하다는 뜻이겠지요.

좋은 계획을 세우고 달성하기 위한 노력을 하는 것도 필요하겠지만, "앞서가는 방법의 비밀은 시작하는 것이다"라는 말과 같이 아무리 좋은 계획과 생각이 있다 하더라도 시작하지 않고 행동하지 않는다면 무슨 의미가 있겠습니까? "부뚜막의 소금도 집어넣어야 짜다"라고 합니다. 생각하고 행동하여 결과를 도출해야겠습니다.

끝을 걱정하지 않을 수도 없겠지만, 그렇다고 시작하기를 주저하지 말고, 시작하고 또 시작하고, 다시 또 시작하고, 더 좋은 방법으로 수정하여 시작하고 시작하십시오. 오늘부터, 바로, 즉시 시작하십시오. 오늘 할 일을 내일로 미루어 시간 도둑이 되지 않고 거기에 더하여, 내일 할 일을 오늘 당겨서 하겠습니다. 모든 새로운 시작을 응원하며, 요이~~~ 땡!

 내 마음의 영성 노트·오늘의 묵상글

사랑은 두 가지 대상을 가지고 있다. 하느님과 이웃이다. 이웃에 대한 사랑에는 우리 자신에 대하여 행해지는 사랑이 포함된다. 그러나 만일 우리가 우리 자신을 다른 사람들보다 더 사랑하면 이미 너그러운 사람이 아니라 이기적인 사람이다.

02

자랑하게 만들자!

　내가 만든 슬로건이다. 자동차 광택 일을 하면서 만든 구호다. 자랑하게 만들자! 눈만 뜨면 광택! 밥만 먹으면 세차! 옛날 학교 다닐 때 학교 교훈이 있었고, 학급에는 급훈이 있었으며, 생각은 희미하지만, 초등학교(국민학교라고 했었지) 때 교훈은 놓고, 뛰고, 부르자이었고, 고등학교 때 교훈은 의義였던 것으로 기억이 난다. 하면 된다는 글귀도 써놓고, 목표를 달성하기 위한 동기부여가 되는 글귀들을 책상 앞에 붙여놓고 자기 자신을 다독이는 것은 필요하다고 생각한다.

　사훈, 교훈, 가훈 이러한 것들은 구성원들에게 힘이 되고, 기업의 대표나 오너들의 경영철학을 엿볼 수 있으며, 함축된 의미로 이미지를 표현하고 나타내기 위해 필요하다 할 것이다. 당장 만들어보고, 마음에 새기고, 다짐해보자. 개인은 자신의 인생의 좌우명이라도 만들어보자. 좋은 글귀는 널리고 널렸다. 없는 것보다는 낫다. 분명히 효과가 나타날 것이다.

광택 일을 하며 홍보문구를 작성할 때 정직, 성실, 최선을 다하자. 창조, 혁신, 고객감동, 고객만족 등 일반적으로 많이 듣고 떠오르는 글귀와 문장들을 나열해보았다. 남들이 보통으로 사용하는 평이한 것들이어서, 눈에 와닿는 글귀들은 아니었다.

그렇게 무엇으로 정할까를 고민하던 중 '자랑하게 만들자'라는 문구를 생각하게 되었고, '눈만 뜨면 광택' '밥만 먹으면 세차'라는 문구도 다소 유머스럽고 우스꽝스러웠지만 마음에 들었다. 고객의 시선을 끌고 마음에 각인시키기에 나름 적당하다는 생각이 들어 정할 수 있었다.

고객이 서비스를 받고, 받은 서비스에 대한 만족도가 커서 자랑하게 된다면 얼마나 기쁜 일이겠는가! '자랑하게 만들자' 이제는 광택 내는 일에 있어서뿐만 아니라, 거기에 더하여 나 자신도 나를 자랑하게 만들어야 할 것이다. 내가 나를 자랑하게 만들겠습니다.

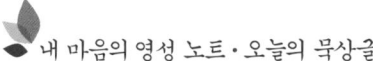 내 마음의 영성 노트·오늘의 묵상글

하느님께 대한 거룩한 두려움, 내 사랑 때문에 생명을 잃는 사람은 그것을 구할 것이다.

03

성공은 그만두지 않음에 있다

　사람들은 태어나 살면서 성공하기를 바랄 것이다. 큰일이든 작은 일이든, 인생의 모든 과정에서 성공하기를 바라고 목표를 정하여 성공의 길이라고 생각하는 방향으로 나름대로 정진하여 나아갈 것이다. 그렇다면 성공은 무엇인가? 얻는 과정일까? 결과일까? 수단과 방법을 가리지 않고 명예, 권력, 재력을 얻는 것이 성공일까? 공재불사功在不舍, "성공은 그만두지 않음에 있다"라는 사자성어다. 공감이 가는 말이다.

　지금까지 살아오면서 얼마나 많은 성공을 시도하고 달성하려 해왔는가? 실패도 많이 하고, 엉뚱한 성공도 이루어보고, 예기치 않은 돌부리에 넘어지기도 하고, 신중하지 못한 선택으로 인생의 아스팔트 길을 집어 던지고, 흙먼지 날리는 진흙탕 속의 길로 뛰어들어, 스스로에게 "인생이 다 그렇지 뭐"라며 위로하고 살아온 지난날들을 돌이켜 생각하며, 오늘, "성공은 그만두지 않음에 있다"라는 '공재불사功在不舍'가 뜻하는 말을 다시 한번 되새기며 채찍질을 해본다.

큰 대업을 이루기 위한 성공을 기원하는 것은 아니다. 일상의 일들을 처리하고 행함에 있어 작은 작업들의 완성을 통하여 성취감을 얻고, 행복과 즐거움을 느끼며, 현재의 하는 일에 온 정성을 쏟아부어 완성도를 높이고, 거짓과 트릭 없이 최고의 만족을 얻도록 최선의 결과를 만들어가자는 것이다. 오늘도 성공이다. 기분 좋다.

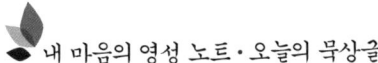 내 마음의 영성 노트 · 오늘의 묵상글

> 아름다운 영혼을 가지고 있는 사람에게는 하느님께서 당신을 보이시고, 당신 자비를 보여주신다.

04

내게 심어진 작은 콩 한 톨의 사랑

콩 한 톨도 나누어 먹는다더니, 콩밥을 싫어했다. 콩밥을 하면 콩은 발라내고 먹지 않았다. 어렸을 때 파, 마늘도 자극적이어서 못 먹었고, 고기는 살코기만 먹었다. 닭고기의 껍데기도, 돼지고기, 소고기 등 모든 고기의 물컹물컹한 비계는 먹지 못하였다. 만둣국을 끓여 먹을 때면 누나의 만두피와 내 만두의 속과 바꾸어 먹었다. 지금이야 콩밥이든, 쌀밥이든 가리지 않고 먹고, 건강에 좋다 하여 콩과 보리쌀도 섞어서 밥을 해먹고 있으며 파, 마늘은 없어서 못 먹지 가리지 않고 먹지만 말이다.

주판이나 주산은 지금 구경하기도 힘들고 사용하지 않아 박물관 같은 곳이나 가야 볼 수 있는 골동품이 되었지만, 컴퓨터와 디지털 계산기가 나오기 전만 해도 계산은 모두 주판으로 하였다. 일반 상점에서도 모두 주판이 있어야 계산을 할 정도로 계산하는

데는 꼭 있어야 했다. 특히, 은행에서는 없으면 업무를 할 수 없을 만큼 필수로 보유해야 하는 물품이었다. (당연히 주산을 놓을 줄 알아야 채용이 된다) 지금은 컴퓨터의 등장과 함께 모두 물러난 골동품이 되었지만 말이다.

　암산, 호산, 계시 암산, 덧셈, 뺄셈, 곱하기, 나누기, 전표 계산 등 모두 주산을 배우면 해야 하는 내용이다. 주산 급수를 인정받는 검정시험도 있었다. 4학년 때 처음 주산학원을 다니기 시작하여 6학년 때 주산 2단이었다. 주산학원에 가면 고등학교 교복을 입은 누나들과 함께 주산을 배웠고, 내가 급수가 높아 어린 마음에 우쭐대기도 하였다. 학교에서도 전교생이 모이는 아침조회 시간에 호명을 받아 교장선생님으로부터 상장을 받기도 하였으며, 군 대표로 예능 실기대회에 나가기 위해 매일 주산 연습을 하기도 하였다.

　초등학교 6학년, 한 학급에 학생은 60여 명 정도였고, 남학생 두 학급, 여학생 두 학급, 1, 2반이 남학생반, 3, 4반이 여학생반이었다. 6학년 4반 여학생반 교실이 주산반 지도선생님 반이다. 그날도 혼자 주산반 교실에서 연습을 하고 있었다. 그런데, 교실 밖 복도를 지나가시던 대여섯 분의 여선생님들 중 한 분이 주산반 안으로 문을 열고 들어오시더니, "주산 연습하고 있니?" "콩 한 톨도 나눠 먹는다고, 자~ 이거 먹으며 해~"라고 하시며 콩을 손에 떨구어 주시는 것이 아닌가? 얼마 되지도 않는, 한 입에 톡 털어

넣고 손뼉 치면 없어질 콩 몇 톨을 지나가시다 일부러 들어오셔서, 그냥 가셔도 되는데 주고 가셨다.

콩 한 톨도 나누어 먹는다더니, 그것을 실제로 체험하였다. 초등학교 시절의 이러한 경험은 어린 나를 인정해주는 누군가의 작은 관심과 사랑이, 마음에 긍정의 에너지로 영향을 끼치게 되었으며, 항상 자신감을 갖게 되었고, 밝은 성격을 형성하게 해주는 큰 힘이 되었다고 생각한다. 내게 심어진 작은 콩 한 톨의 선물은 아직도 마음속 사랑으로 자라고 있다.

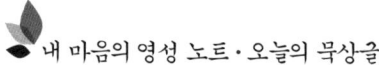 내 마음의 영성 노트·오늘의 묵상글

> 예수 안에 머물러 있어라. 항상 그의 안에 머물러 있어라. 그에게서 나오려 애쓰지 말아라.

05

인연

    2024년, 오늘을 살아가는 우리들이다. 열심히 각자의 일터에서 숨을 쉬고 살아간다. 글로벌하게 지구촌에 생존하는 모든 생명체는 서로에게 영향을 주고받는다. 가까울수록 영향력은 커질 것이다. 옷깃만 스쳐도 인연이라는데, 억겁의 세월을 함께해야 현생에서 옷깃을 한 번 스친단다. 그러니 부부의 연을 맺고 말을 주고받으며, 밥을 함께하는 가족의 인연은 얼마나 놀라운 인연인가!

    인간의 길흉화복은 만나는 사람으로부터 시작된다. 좋은 인연이 있는가 하면 나쁜 인연도 있다. 악연이라고 한다. 좋게 만나서 악연이 되는 경우도 있고, 처음에는 안 좋았는데 알고 지내면서 좋은 사이가 되는 경우도 있을 것이다. 사람과의 관계는 저절로 좋아지지는 않을 것이다. 사람은 겪어봐야 안다고, 누가 처음부터 자신의 흉허물을 다 드러내겠는가? 좋은 사이가 되기 위해 서로 노력을 해야 하고, 이해하고, 배려하며 살다 보면 애정이 자라나는 것이리라.

1994년 6월 5일 결혼을 하였다. 30년을 함께 살았구나. 참 오랜 세월을 함께했다. 결혼식을 성당에서 하였는데, 혼배성사를 위해 성당을 찾아가 상담을 하게 되었다. 그런데, 아내와 나의 유아세례를 받은 날이 동일한 날이 아니던가? 아기 때 강보에 쌓여 업혀와 성당에서 (같은 날, 같은 장소, 같은 시간에) 유아세례를 함께 받은 것이다. 성당의 교적은 신자이어도 쉽게 볼 수 있는 서류는 아니다. 이렇게 특별한 경우 (세례받을 당시 외국인 신부님이 기록하여 영어인지, 라틴어인지 모르지만 외국어로 쓰인 것을) 볼 수 있었다.

갓 태어나 얼마 되지 않은 아이에게 주는 유아세례는 아이에게 의중을 물어볼 수 없으니, 성당에 다니는 부모님의 신앙과 의지를 보고 주는 세례인데, 자주는 아니지만 통상 1~3개월에 1회 정도 날짜를 공지하여 유아세례식을 거행하는 것으로 알고 있다.

그렇게 아내와 맺은 부부의 인연은 시작되었고, 험난한 세상을 이겨낼 수 있게 한 동료이자, 친구이자, 스승이자, 은인으로 서로의 잘남과 못남, 흉허물을 가장 잘 알고 이해해주는 벗으로 헤어지지 않고 아직도, 아직도 살고 있다. 하늘이 맺어준 인연인가?

06

가난한 식단이 건강하다

혼자 밥 지어 먹기에 익숙해지려면 하루 세 끼니를 일정한 시간에 챙겨 먹어야 한다. 학교를 다닐 때도, 군 생활이나 직장생활을 할 때도 아침 먹고 등교(출근)하고, 점심시간에 밥 먹고, 퇴근(하교)하여 저녁 먹고, 이렇게 먹는 식사시간은 규칙적이었고, 생활에 배여 있었다.

점심시간이 기다려지기도 하였으며, 오늘 반찬은 무엇일까? 식당 게시판에 붙여진 주간 식단을 보고 맛있는 반찬이라도 급식이 되는 날은 더더욱 기다려지기도 하였었다. 그러한 생활에 익숙하던 것이 이제는 어떠한가? 밥 먹는 시간도, 식사 메뉴도 스스로 정하고, 스스로 지어 먹어야 하는 처지가 되었다. 공동생활을 할 때는 일정한 시간에 모두 모여 먹어야 했지만, 자급자족해야 하는 1인이어서 나 혼자 밥하고 밥 차리고 혼자 먹어야 한다. 그래서 혼밥이나 혼술이라는 말까지 등장하지 않았을까.

가족이 함께 모여 한 밥상에 둘러앉아 밥을 먹을 경우가 흔치 않은 시대에 살고 있다. 가족은 뿔뿔이 흩어져 각자의 생활을 하고 있으니, 얼굴 마주 보고 밥 먹기란 집안의 큰 행사가 있거나, 1년에 한두 번 휴가여행을 계획해야 하고, 한 가족의 구성원들이 한 밥상에 둘러앉아 아침밥을 모두가 함께 먹는다는 일이 이제는 하늘에 별따기만큼이나 쉽지 않은 일이 되어버렸다.

가난한 식단이 건강하다. 밥상을 차리는 게 쉽지 않은 일이라는 것을 깨달은 것은 내가 밥상을 차려 먹게 되는 순간 터득하게 되었고, 반찬 투정에 밥숟가락을 휘저은 과거의 잘못을 뒤돌아보게 된다. 처음 차려 먹을 때는 그래도 이것저것 보이는 대로 마트에서 시장을 봐온다. 요리도 하기 전인데 침이 꼴딱 넘어간다. 빨리 가서 해먹어야지 하는 마음이 앞선다.

젊어서 객지에 나가 자취할 때의 기억을 되살려 요리를 해본다. 인터넷으로 검색하여 먹고 싶은 요리의 조리방법도 참고하여 만들어본다. 한두 번은 재밌다. 허구한 날 해보아라. 무엇을 해먹을까? 아침, 점심, 저녁으로 캡슐 같은 거 없나? 편하게 한 알 먹으면 하루종일 안 먹어도 되는 뭐 그런 거!

기름진 고기는 먹을 때는 좋았지만 먹고 난 후 설거지할 때는 미끈미끈하다. 퐁퐁을 쓰면 쉽겠지만 사용하지 않고, 뜨거운 물도 사용하지 않고 찬물로 하기에 더욱 그렇다. 이제는 알았다. 이러한 모든 불편함들을 최소한으로 해결하는 방법은, 단순하게 하는 것이다. 밥은 배고플 때 먹는다. 배꼽시계가 울려야 먹고, 반찬은 된장찌개나 김치찌개 하나로 통일이다. 고기반찬은 다 필요 없다. 장조림 하나면 된다. 그것도 된장찌개나 김치찌개를 끓일 때 장조림을 넣어서 먹으면 된다. 가난한 식단이 건강하다.

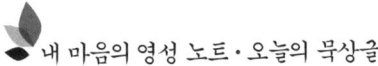
내 마음의 영성 노트·오늘의 묵상글

> 너희는 내 용사가 될 것이다. 그리스도의 용사, 하늘의 용사! 이 숭고한 운명을 위하여 내가 너희들을 택한 것이다. 너희의 등불은 켜져 있어야 한다.

07

숨길 것도 없는,
32년 만에 쓰는 운전면허 취득 수기

"오죽하면 박사 위에 기사라고 하였던가!"
(법학개론 강사이신 김태창 교수님께서 하신 말씀)

1992년의 운전면허시험 취득 수기를 2024년에 쓰다니! 사시, 행시, 외무고시 합격 수기도 아닌 운전면허 취득 수기를 32년이나 지난 오늘에 쓰게 될 줄은 꿈에도 몰랐습니다. 감개무량합니다.

때는 바야흐로 대학을 졸업하고 한국음악저작권협회 경리부에 입사하여 1991년 서울생활을 시작할 때였습니다. 직장이 논현동에 있어서 운전면허시험을 강남 면허시험장에서 보아야 했습니다. 학과시험과 실기시험(코스와 주행)을 보아야 했는데, 학과시험은 합격을 하였고, 코스와 주행 시험이 남아 있었습니다. 운전학원 등록을 하여 시험을 보면 쉽게 합격할 수 있었겠지만, 학원에는 등록하지 않고 강남 면허시험장 하천 주변의 바닥에 로프로 주차선을 그어놓은 그런 곳에서 슬쩍슬쩍 운전연습을 하였었나 봅니다.

코스와 주행 응시원서에는 시험을 보기를 원하는 날짜를 지정하여 인지를 구입하여 창구에 접수하면 지정한 날짜의 시간에 면허시험장에 와서 대기하고 있다가 호명하면 직원의 안내를 받아 주행시험용 차량에 탑승하여 신호에 따라서 출발하면 되는 것입니다.

처음 한두 번은 사무실에 "운전면허 시험을 봅니다"라고 코스시험 날짜에 휴가를 내어 시험을 보았지만, 자꾸 떨어지다 보니 눈치도 보이고, 창피하기도 하고 그래서 평일은 피하고 일요일에 시험을 본 것으로 기억이 납니다. 응시원서에 붙이는 수입인지도 이제는 한두 장이 아닙니다. 앞면과 뒷면도 너덜너덜~ 아마도 13번째 응시에 합격이 된 것으로 기억되는데, 그 마지막 시험에도 떨어지면 학과시험부터 다시 봐야 할 지경이었을 것입니다.

그중 운전석에 앉자마자 출발도 못하고 떨어진 사연은, 그날도 호명이 되어 차량에 탑승하고 기어를 1단으로 변속해야 하는데, 1단 변속이 안 되는 것입니다. 기어봉을 보니 R이라고 써져 있는 게 좌측 상단의 1단 위치에 있더라고요. (흐리고 희미하게) R자는 우측 하단에 있어야 하는데, "어? 이상하다. 기어봉이 돌아가 있네" 그래서 직원을 불렀죠.

"아저씨, 이리 와 보세요"

"이거 봉이 돌아갔잖아요?"

"고장 난 차를 주시면 어떡해요?"

그것도 아주 당당하게 직원분에게 말을 했습니다.

직원분은 조용히 문을 열더니 긴 말도 하지 않고, 그것도 아주 조용히 귓속말하듯, "내려오세요. 불합격입니다" 그러고도 이유를 몰랐습니다. 어안이 벙벙하여 내려 나오면서 또 응시원서에 수입인지를 붙이고, 다음 시험날짜를 기약하였지요. 그렇게 몇 번을 계속 떨어지고, 또 인지를 붙이고를 반복하더니 우여곡절 끝에 13번째 시험에 합격하였습니다. 1년은 걸려 붙었던 기억입니다.

이후, 그 불합격의 원인을 알게 되었지요. 현대차와 대우차의 기어봉이 다르더군요. 연습할 때 현대차로 하였는데, 내가 탑승한 차가 대우차였나 봅니다. 그래서 착각을 하였고, 고장이 난 줄 알았던 것이죠. 지금도, 여전히, 나는 당당하다. 이래 봬도 나 강남면허소지자야. 이거 왜 이래?

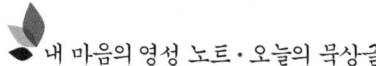
내 마음의 영성 노트·오늘의 묵상글

| 이성이란 무엇이냐? 하느님의 은혜이다. |

08

장학사님이
교육청으로 부르시다니

"짜장면은 싫어! 난 짬뽕!" 초등학교 5학년 때쯤으로 기억된다. 주산을 잘 놓았기 때문에 선생님들은 계산이 필요한 곳이면 언제든 불러서 일을 시키곤 하였다. 군 교육청의 장학사님이 일요일 아침에 교육청으로 오라고 하였다. 계산할 것이 있으니 와서 도와달라는 것이다. 내 입장에서야 계산하는 것은 누워서 떡먹기보다 쉬운 일이었고, 학교 담임선생님을 통해 교육청으로 가서 잘 도와주고 오라는 부탁을 거절할 이유가 없었다. 거북스럽지도 않았고, 불편하지도 않았으며, 기꺼이는 아니지만, 주산이 어른들은 어려운가? 그것을 왜 어린 나에게까지 부탁해야 하는 것이지? 뭐 요정도의 잘난 척? 우쭐함? 아니면 '실력을 보여주고 와야지. 계산하는 것은 내가 잘하니까' 이런 생각으로 힘들 이유는 하나도 없었다.

교육청의 장학사(6급)님이라고 하면 교육공무원으로 (특정직 공무원) 교사에서 전직 후 주로 교육부, 교육청, 교육지원청에서 근무하며, 교육과정의 연구개발 실행 등 중견 실무를 담당한다. 참고로 교장(4급), 교감(5급), 장학관(5급 상당), 장학사(6급)라고 한다.

주판을 들고 약속한 시간에 맞춰 교육청에 도착하자 장학사님은 기다리고 있었다는 듯 내게 계산할 것들을 가져다주셨고, 계산하고, 검산하여 모든 작업을 완료하였다. 일이 끝나자 장학사님은 16절지 갱지 한 묶음을 주시었고, 내게 점심을 사주시겠다고 하며, 근처 중국집에 가서 점심을 사주셨다. 짬뽕을 시켜 먹은 것으로 기억한다.

짬뽕, 그 이후 중국집에 가면 짜장면보다는 짬뽕을 시켜 먹곤 하였다. 한때, KBS <유머 1번지>라는 방송에서도 짜장면을 먹자고 하면 "짜장면은 싫어, 난 짬뽕"이라는 대사를 하던 코미디 프로가 있었다. 그 방송을 시청하면서도 "난짬뽕"이라고 하면 웃기기도 하였지만, 어린 시절 장학사님께서 사주신 짬뽕 맛에 침을 삼키기도 하였다. 음식 맛은 그 음식을 먹었던 추억이 함께하면 맛이 더 살아나는 듯하다. 추억의 음식은 그래서 더 맛있는 것일까?

중학교, 고등학교 내내 주산을 잘 놓는다는 이유로 선생님들의 계산은 단골로 도맡아 하였다. 그렇지만 짬뽕을 사주신 선생님은 계시지 않았다. 확실히 평교사는 장학사보다 급이 낮은 모양이다. 짬뽕도 안 사주고~

 내 마음의 영성 노트 · 오늘의 묵상글

> 사람의 모든 행동에는 그것을 행하는 방식에 따라 선이나 악의 가능성이 있습니다. 사랑하는 것은 거룩하게 사랑하면 죄가 아닙니다. 일하는 것도 일을 해야 할 때에 일하면 죄가 아닙니다. 돈을 버는 것도 정직한 이익으로 만족하면 죄가 아닙니다. 교양을 쌓는 것도 지식을 얻는 것으로 자기 안에서 하느님의 생각을 없애지 않으면 죄가 아닙니다. 그러나 제단에서 시중드는 것도 만일 자기 이익을 위해서 하면 죄가 됩니다.

09

둘이서만 아는 비밀

　봄학기 초 국민학교에서 중학교로 진학하여 머리는 빡빡으로 밀고 교복은 학생복으로 모자도 쓰고, 제법 어린 학생에서 이제는 어린 티를 벗고 어엿한 제복을 입은 듯 무게감이 있는 중학생이 되었다. 그러던 어느 날, 우리 집 앞에 성당에서나 봐야 하는 여학생 무리들이 나를 찾고 있는 것이 아닌가!

　"너 책 빌려간 거 가져와"

　"성당에서 빌려간 책 있잖아?"

　"둘이서만 아는 비밀"

　어이쿠야! 책이라니? 그 책이 어디 있지? 있어야 돌려주는데, 찾아봐야 하는데 말이나 제대로 했나? 말도 못하고 쭈뼛쭈뼛 상황을 회피하려고만 하였던 기억이 있다. 성당에서의 도서열람은 학생들의 흥미를 유발하는 지식창고이다. 매월 발간하는 <소년중앙>, <어

깨동무> 등 아동들의 월간 잡지책을 읽을 수 있는 유일한 곳이다. 그러다가 부록으로 나오는 조립품이나 장난감 등이 맘에 들면 책을 직접 구입하기도 하였지만, 참고서 이외의 책은 부모님이 허락하지 않는 그냥 만화책으로 치부해버린다. 사줄 리가 없다는 얘기다. 그렇게 성당의 사무실 도서관은 학생들에게 오픈 공간으로 열람 및 대여가 가능했었다.

<둘이서만 아는 비밀>, 이 책의 저자이신 박경종님은 아동문학가로 동요작가이시기도 하셨다. 한국음악저작권협회 순수음악 (동요) 부문의 이사님이시기도 하셨다. 이사회가 있을 때는 협회에 오셔서 회의를 마치고 돌아가실 때 경리부 사무실에 들리셔서 이사님이 한지에 직접 쓰시고 그리신 작품들을 주고 가시곤 하셔서 더욱 기억에 남는다. (예술가들이 쓰시는 모자를 쓰고 환한 미소를 지으신 모습이 떠오른다) 책의 내용은 기억이 없다. 읽었는지도 모르겠고, 하지만, 소녀들과의 둘이서만 아는 비밀은, 비밀이 되어 아련한 향수로 남아 있다.

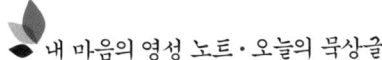
내 마음의 영성 노트·오늘의 묵상글

사람의 지혜는 뉘우치는 데 있고, 영의 지혜는 참된 하느님과 그분의 진리를 사랑하는 데 있습니다.

도자기(도서관 자리 잡기)를 아시나요?

1988년 3학년 복학생이 되어 학업을 이어갔다. 낭만이 가득한 대학교에서의 추억, 1~2학년 때 많이 놀았으니 3~4학년 때는 제대로 학업에 매진하여 좋은 성과를 내어보자는 각오와 다짐을 실천에 옮기고자 도서관에 자리를 잡고 공부하기로 하였다. 도서관은 6시에 열리고 저녁 11시에 닫는다. 정확한 기억은 아니다. 일찍 열고 늦게까지 열람실을 개방하였던 것으로 기억한다. 도서열람은 정상적인 근무시간(9~18시)에만 되었다. 수업이 없는 시간은 도서관에 자리 잡고 공부를 할 수 있었다. 자리를 한번 잡게 되면 그 자리는 하루 동안은 내 자리가 된다.

도서관 자리를 어렵지 않게 잡을 수 있을 거라는 생각은 오산이었다. 첫날부터 자리를 잡기는 낭패였다. 그 다음날 문을 여는 시간에 맞추어 도착을 하였다. 아니 그런데 벌써 이른 시간에 도착한 학우들이 줄을 서고 있는 것이 아닌가? 그 옛날 극장 입구에서나 보게 되는 줄을 서도록 만든 것처럼 이동식 철제 펜스가 놓여 있고, 그곳을 기점으로 가방이 줄을 서고 있는 것이었다.

그날도 줄 끝에 서서 입장을 하였는데, "저 앞에 온 친구들은 몇 시부터 와서 기다리고 있는 거예요?" 6시에 문을 여는데 2시간 전부터 와서 줄을 서는 것이란다. 참으로 어이가 없었다. 저런 노력이면 뭘 해도 될 놈들이네! 라는 야유를 주며, 그 다음날 아침 일찍 도서관 자리 잡기에 나섰다.

이동식 철제 펜스 안에 내 가방도 놓았고 문이 열리길 기다렸다. 오픈런이 이런 것인가? 오픈런의 시초가 여기이었지 않았을까? 가방을 들고 달려가 가장 선호도가 높은 자리를 차지하여 앉게 되었으며, 그렇게 도자기 인생이 시작되었다.

1주일쯤 지났을까? 잠깐 이야기 좀 하자며 부르는 누군가가 있었다. 휴게실 자판기 커피를 뽑아주며 요 며칠 지켜보았는데, 우리 모임에 참여할 의사가 없느냐는 것이다. 무엇을 하는 모임이냐고 물었더니, 도서관 자리를 함께 잡아주는 모임이며, 모임의 이름은 '혼수상태'라고 하였다. 공부에 방해가 안 되는 모임이라면 참여하겠다는 의사를 밝히고, 그 이후 서로에게 품앗이를 하며 자리를 잡아주곤 하였다.

열심히 나름대로 학생의 본분을 충실히 이행하려 노력한 그 시절을 생각하니 흐뭇한 미소가 떠올려진다. 도자기 친구들은 지금은 어디서 무엇을 하고 있을까? 학이시습지면 불역열호아學而時習之面 不亦悅乎牙, 배우고 때로 익히면 즐겁지 아니한가! 공자의 인생삼락 중 하나인 공부하는 즐거움, 배움의 즐거움을 만끽한 도자기 시절이었다. 지금도 그러하지만, 새벽잠을 설치고 일어나 무엇인가를 할 때면, 그 시절 '혼수상태'로 도서관 자리 잡기를 하던 모습이 떠오른다.

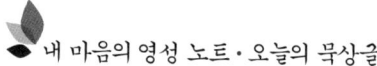
내 마음의 영성 노트·오늘의 묵상글

| 인간의 불복종과 마귀와의 간음, 인간의 배은망덕의 쓰라림을 없애는 너는 내게로 오너라.

엑소더스 The Exodus

엑소더스The Exodus 탈출, 구약성경의 탈출기를 알고 있습니다. 이스라엘 백성을 이집트인들의 종살이에서 구해내는 모세 성인의 이야기를 탈출기라고 합니다. 출애굽기라고 배웠는데 언젠가부터 탈출기라고 바뀌었더군요. 구약의 모세만 탈출한 것이 아닙니다. 실지로 탈출을 겪어보았습니다.

1987년 여름, 군대에서 제대하던 그해! 성당에서 교리교사로 여름성경학교를 준비하고 캠프를 진행하며 일어났던 일이었습니다. 여름성경학교는 성당 내에서 진행하는 경우도 있고, 외부의 연수시설이나 캠프장소에서 천막과 텐트 등을 설치하여 1박 또는 2박 정도 야외에서 여러 가지 레크리에이션과 교리 퀴즈, 율동 등을 함께하며 자연을 즐기고, 다채로운 행사를 통해 신앙심도 고취시키고 돌아오는 연례행사입니다. (경험해보지 못하신 분들은 이해하

기 어렵겠지만)

　초, 중, 고등학생들과 학부모님들 그리고 봉사자분들이 함께하기에 가족공동체와 성당의 선후배들이 웃고, 떠들고, 뛰고, 놀고, 먹고, 배우고, 즐기는 아주 재미있는 익사이팅한 행사인 것입니다. 그날의 장소는 초평저수지 댐 밑 하류(평산리로 기억함. 지금은 초평 밤나무 캠핑장으로 조성이 되었네요), 이곳으로 정하였고, 선발대는 미리 가서 텐트와 천막을 치고 취사도구, 진행본부, 주변의 정리 등 사전준비를 하였으며, 여름성경학교 행사에 만반의 준비를 마치고 이제 행사 당일이 되었습니다. 출발 당일 아침 멀쩡하던 하늘이 오후가 되자 비가 오기 시작하더니 저녁 어스름하던 때에는 장대비가 쏟아지기 시작하였습니다.

태풍 셀마

　1987년 7월 9일 남태평양 괌 부근에서 발생하여 계속 북서진하다가 1987년 7월 12일에는 필리핀 동쪽 약 550㎞ 해상에서 중심 기압 920hPa의 초A급 태풍으로 발달하면서 북상하였다. 이후 거의 90도로 급격하게 전향한 태풍 셀마는 계속 북진하면서 955hPa의 B급 태풍으로 약화되다가, 오키나와 부근을 지나면서 잠시 강화되었다. 1987년 7월 15일 오후 11시 30분경, 중심 기압이 약 975hPa, 최대 풍속이 30m/s로 다소 약화된 셀마는 태풍의 중심원이 창원시 마산지역을 스치면서 한반도를 관통하고, 1987년 7월 16

일 오전 5시 20분경에 강릉 부근을 동해 북부 해상으로 진출, 온대성 저기압으로 변질되었다. (당시 기사 참조)

댐 하류였기에 댐을 방류하지 않는 한 괜찮을 거라 생각하였지만 계속된 비로 더 이상 이곳에서 버티기는 힘들겠다는 판단으로 행사를 취소하고 철수하기로 하였으며, 아이들은 모두 안전한 곳으로 대피시켜 이동하고, 성인들과 봉사자들은 모든 시설들을 하나둘 해체하고 이동시키고 있었습니다. 물이 점점 불어나기 시작하더니 마침내 잠기기까지, 조금만 늦었더라도 큰 사고로 이어질 상황이 펼쳐진 것입니다. 그 다음날 아침엔 언제 그랬냐는 듯 밝은 해님이 떠올라 어제의 탈출을 모두 덮어버렸으니 말입니다. 이제는 기억 속에서 사고 없이 무사히 탈출한 사연만이 아찔하고 즐거운 추억으로 남아 있습니다.

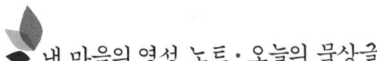
내 마음의 영성 노트·오늘의 묵상글

> 죽을 몸으로 사는 너희들은 임종 때에 너희들의 평화가 될 것이다. 나를 너희 곁으로 부르도록 하여라. 내가 오마. 손에는 은총과 위안을 잔뜩 들고, 용서와 사랑이 넘쳐 흐르는 마음으로, 입으로는 사죄와 격려의 말을 하면서 오마. 내가 죽음을 없애지는 못한다. 그러나 나를 신뢰하면서 죽는 사람에게는 죽음을 즐거운 것이 되게 한다.

제2장 미소짓는 마음 · 151

12

메기나 건빵

    '메기나 건빵'이라는 말은 코미디 프로그램(유머 1번지 - 동작 그만)에 나오는 개그맨(오재미와 이상운)들의 대화 중 나오는 말로 그냥 지껄이는 말이다. 욕인 듯 아닌 듯, 막말 개그라고도 한다. 아무 말이나 얻어걸리면 웃고 아니면 말고. 메기의 추억이라는 노래도 있지만, 메기처럼 생긴 코미디언 이상운의 별명에 동작 그만의 군대 내무반 생활을 풍자한 스토리로 건빵이라는 군대의 비상식량을 앞세워 군 생활 전체를 상징적으로 표현하며, 메기나 건빵이라는 말만 들어도 그냥 이유 없이 웃음이 나오곤 한다.

    메기는 민물고기이다. 몸이 길고, 몸의 뒤쪽은 측편側扁하여 얄팍하다. 머리는 종편縱扁하여 넓적하다. 눈은 작고 입은 크다. 아래턱이 위턱보다 길고, 이빨이 예리하다. 입수염이 2쌍 있다. 등지느러미는 작고, 뒷지느러미는 길어 꼬리지느러미 하엽下葉과 연결

되어 있다. 가슴지느러미에는 굵은 가시가 있다. (백과사전에서 퍼옴)

어려서 큰 냇가의 둑방 밑에 살았던 터라, 장마철 저수지 물이 방류된 후 개울의 냇가에는 여름 햇볕에 돌멩이들이 하얗게 속살을 드러내고, 물 흐르는 냇물의 물에 잠긴 큰 돌 사이사이로 고기를 잡는다며 손을 넣어보기도 하고, 얼굴을 다 가릴 정도로 큰 둥그런 물안경을 쓰고 물속을 들여다보기도 하고, 고기가 숨어 있을 만한 물에 잠긴 물풀 속에 움켜쥐듯 빠른 동작으로 손으로 낚아채면, 영락없이 숨어 있던 붕어를 잡을 수가 있었다. (허탕을 칠 때가 더 많았지만 말이다)

메기를 손으로 잡은 적도 있었지만, 똘붕어만 잡다가 이상하게 생긴, 수염도 있고, 무섭기도 하고, 손으로 잡힌 게 신기할 정도로 잡고도 믿기지 않는, 메기는 그곳 냇가에서는 대장 물고기였을 것이다.

요즘이야 건빵은 추억의 간식이겠지만, 누런 종이와 비닐이 덮여져 있고, 두어 번 말아서 호치키스로 박아 입구를 봉해버린 건빵 봉지를 뜯어서 하나를 꺼내보면 길게 네모난 모양으로 위는 두 개의 볼록한 면에 가운데 바늘로 찌른 듯 구멍이 찍혔고, 뒷면 바닥은 평평하게 체크 무늬를 찍어 넣은 듯 오돌도돌 잘 익힌 색깔에 어떤 것은 새카맣게 탄 듯한 모양도 있다. 배고플 때야 무엇이

맛이 없었겠느냐마는, 군대에서의 건빵은 최고의 간식거리로 군 생활 내무반 관물대 속 익숙한 자리의 주인공이었다. 메기나 건빵, 욕인 듯 아닌 듯 군 생활의 간식, 추억을 먹는 간식이다. (별사탕은 덤으로 맛보는)

내 마음의 영성 노트 · 오늘의 묵상글

> 나는 마음속으로 꼴찌와 첫째를 구별하지 않는다. 만일 꼴찌가 거룩한데 첫째가 실수를 하게 되면, 그때에는 하느님의 눈으로 보아 구별이 되어야 할 것이다. 그러나 나는 그들을 똑같이 사랑할 것이다. 거룩한 사람은 매우 행복한 사랑으로 사랑하고, 죄인은 괴로워하는 사랑으로 사랑할 것이다.

13

우리들의 그리움이란?

1993년 6월 청주교구 가톨릭미술협회가 발족되어 창립전이 있었으며, 지도신부님과 수녀님을 포함하여 39분의 회원이 참여하였고, 6월 19일부터 6월 25일까지 청주 갤러리 창에서 열었다.

아내는 미술을 전공하여 '우리들의 그리움이란?' 주제의 작품을 창립전에 출품하고, 팸플릿 책자를 나와의 첫 만남에서 전해주어 그 책자를 받아온 나는 사무실의 책꽂이에 꽂아 넣고 가끔씩 꺼내보고 감상하며 만남의 기억을 떠올려보았나 보다.

사실 난 그림에는 문외한이다. 그릴 줄도 모르고, 감상할 줄도 모르고, 색상에 민감하지도 않고, 그냥 잘 어울리면 좋은 거고, 어색하면 별로인 거고, 그림을 정성 들여 그리는 수고로움과 힘듦만이 작품을 평가하고 느끼며 작가를 바라보고 이해한다. 작품의 제목과 연관성을 이해하기도 어려운 부분이 없는 것도 아니다. 작품을 보고 느끼기보다는 작품의 제목으로, 단어의 뜻으로 작품을 꿰어맞추는 정도의 감상을 한다.

우리들의 그리움이란?
아내는 어려서 학교의 사물놀이 행사에 상모를 잘 돌리는 학생으로 칭찬을 많이 받았다고 한다. 아! 그러고 보니 그림에 상모 돌리는 주인공의 모습이 보이는구나. 자신의 어려서 모습을 그린 것이네. 그 시절의 즐거운 민속놀이를 약간 추상적 그림으로 표현하였구나.

누구든 어려서의 아련하고 즐거운 추억의 그리움은 가지고 있을 것이다. 슬픈 일도, 즐거운 일도 그 시절의 추억은 바쁜 일상 속에 잠시의 휴식으로 내게 다가온다. 마음속 떠오르는 아름다운 그림으로 자신만의 그리움이라는 화폭에 미소로 말이다.

| 청주교구 가톨릭미술협회 창립전 출품작 |

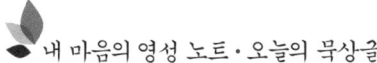 내 마음의 영성 노트·오늘의 묵상글

착하신 하느님께 대한 믿음이 얼마나 아름답고 용기를 돋우어 주는 것이냐!

14

진시황이 부러울소냐!

　의식주의 문제이다. 우리는 흔히 왕이라고 하면 걱정 없이 자기 자신이 하고 싶은 일을 맘껏 할 수 있으니 얼마나 좋을까 하고 부러워한다. 중국 진나라의 시황제는 불로장생의 명약을 구하기 위해 전국에 방을 붙이고 오래 살려고 힘썼으나 결국 오십 세 남짓의 인생을 살다 갔지만, 만리장성을 쌓고 병용(군사 모양의 인형)을 만들어 자신의 무덤에 함께 묻도록 하였던 왕으로 1974년 우물 공사를 하면서 부장품인 병용(군사 모양의 인형)과 더불어 발견되어 아직도 발굴 중이라고 하니 성공한 군주로서의 그의 왕권이 얼마나 강건했는지를 후세에게 알려주고 있다.

　돼지숯불갈비라는 메뉴를 모르는 사람도 있을까? 사회생활 초년생일 때 직장(한국음악저작권협회)의 홍보부장님이 단골로 갔던 마포갈비라는 간판의 식당이 논현동 영동시장에 있다. 돼지양념갈비를 아주 맛있게 먹었던 기억이 있는데 맘이 통하는 직원들끼리만 비밀결사대마냥 몰래 모여서, 회식인 듯 아닌 듯 직장 내의 사조직처럼 동료 몇몇만 불러놓고 이런저런 저작권협회의 과거 에피소드를 재미있게 이야기해주었다.

그 당시 영동시장의 마포갈비에서 자주 모였는데 우리가 먹고 있는 술안주 돼지양념숯불갈비는 "진시황제도 못 먹어보고 죽었을 것이야"라며 지금 살고 있는 세상은 진시황도 부럽지 않은 세상이라며 건배를 외치고 술잔을 부딪히며 위하여를 외친 시절이 있었다. 정말 세상은 불과 몇 세대(1세대를 30년으로 치면) 전에 살던 과거의 사람들은 상상할 수도 없는 과학 문명이 발달한 신세계에서 살고 있다. 전기와 통신의 발달로 도로와 교통은 얼마나 좋아졌고, 주거공간과 삶의 여건은 얼마나 풍족해졌는가? 비교할 수도 없는 물질적인 풍요로움이다. 그러니 진시황도 부럽지가 않은 것은 사실일 것이다.

앞으로도 문명은 발달할 것이고, 또 다른 세상의 변화도 오겠지만, 변하지 않는 것은 과거의 역사 속에 등장하는 무소불위의 왕들은 붕어崩御(임금이 죽음), 즉 모두 세상을 떠났다는 것이다. 진시황이 불로초를 구해오라고 한 것을 보면 죽음에 대한 두려움이 얼마나 컸을까 하는 생각도 든다. 그만큼 삶에 대한 애착으로 영원히 살고 싶었겠지만 인생은 누구에게나 정해진 시간만큼밖에 살지 못한다는 사실이다.

　오래 살아도 백 년이요. 그것도 아프지 말아야지 병원신세 지며 누워 있으면서 생명만 연장하는 삶에 무슨 의미가 있겠느냐? 진시황도 부러워할 만한 현재의 삶을 우리가 영위하고 있음을 느껴보라. 그리고 지금 현재보다 더 많이 즐기고, 더 많이 행복해지도록 자신의 주변 환경을 만들어 나가는 것이 필요할 것이다. 오늘도 의미 있는 하루를 살아가도록 애써야 하겠고, 내가 나를 즐겁게 해야 할 것이며, 그 어느 누구도 부러워하지 말고, 소중한 시간들을 허송세월 보내지 않도록 알차게 잘 사용하며, 오늘을 보내야 한다. 진시황은 지금의 우리를 부러워하고 있을 테니까.

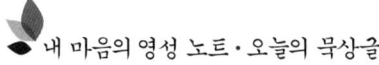
내 마음의 영성 노트·오늘의 묵상글

> 하느님의 엄위 앞에서는 이 세상에서 가장 강력한 군주도 티끌에 지나지 않습니다.

15

청소시간

요즘 학생들도 학교에서 청소를 하는지는 모르겠지만, 초등학교, 중학교, 고등학교 다닐 때는 청소시간이 있었다. 초등학교 시절 교실 바닥은 나무로 만든 목재 마룻바닥이었다. 마루걸레라고 헝겊을 어린 학생들이 궁둥이를 높이 치켜들고 손바닥으로 바닥을 밀고, 이쪽에서 저쪽으로 왔다 갔다 바닥을 닦았다.

청소구역은 각자 개인에게 정해준다. 유리창 청소, 바닥청소, 화장실 청소 등. 청소도구도 각자가 집에서 구해오도록 하였다. 걸레도 만들어오고, 빗자루, 쓰레받기도 학생들이 가져오도록 스폰 아닌 스폰을 받았다. 마룻바닥에 뿌리기 위해 기름도 가져오라고 하였던 기억이 난다. 기름을 가져가기 위해 집에 와서 이야기하였더니 고추기름을 박카스 병에 담아줘서 교실 바닥에 뿌리고 발라 콜록콜록 기침을 하며 바닥을 문지른 기억도 난다. 유리창 청소는 창가에 걸터앉아 청소하니 쉬운 듯 보이지만 제일 힘든 게 유리창 청소였다.

군대에서도 청소는 매일 한다. 특히 점호를 취하기 전 내무반 정리정돈 및 청소는 기본이다. 훈련소에서 있었던 일이다. 내무반과 화장실 청소 점검을 하는데 화장실 청소가 잘 되지 않았던 모양이다. 훈련소에서 나는 소대장이었다. 훈련병 중에서 뽑아 소대장 역할을 시켰는데 내게 그 역할을 하도록 한 것이다. 점호를 취할 때도 소대장은 보고를 하여야 했다.

청소상태가 불량하여 모든 소대원들을 팬티 차림에 내무반 앞으로 집합하도록 하였다. 1월에 입대하였으니 한겨울 달밤에 체조도 아주 볼만한 체조였다. 양팔을 벌려 서 있도록 하고 바가지에 물을 담아 손으로 물을 튀겨 뿌리는 얼차례를 받았던 것이다.

군대의 공용화장실은 사방 벽은 타일 조각을 붙였고, 바닥은 시멘트 콘크리트로 재래식 화장실이었다. 요즘이야 양변기로 되었거나 좌변기로 설치가 되었지만 1985년도에 일반 공중화장실에서 좌변기를 보기는 하늘의 별따기였을 것이다. 화장실의 크기도 1인이 혼자 들어가 용변을 볼 정도의 크기이니 1평 남짓 크기였을 것이다.

그런 화장실에 군대에 보급받은 사각팬티만 걸친 장정들이 화장실 청소 불량으로 얼차례를 받게 되었는데, 일직하사는 화장실 청소담당자들 모두를 호출하여 그 작은 1평도 안 되는 1인용 화장실에 한 명 두 명 들어가도록 하더니 결국 꽉 차서 7~8명이 들어갔고, 더 이상 사람이 들어갈 수가 없을 정도가 되니 이미 화장실에 안에 있는 장정들은 화장실 벽이 살갗에 닿아 벽을 온몸으로 닦게 되는 진풍경을 연출하게 되었고, 그것을 지켜보고 있노라니 웃기기도 하고, 안됐기도 하고, 아주 기묘한 감정이 교차되며 나오는 웃음을 참느라 애썼던 화장실 청소의 기억이 난다. 시대적 배경이 그랬던 시절이기 때문에 이해하고 넘어갈 수 있는 일들이 벌어진 것이다. 요즘 누가 재래식 용변을 보겠는가?

편리한 세상이 되었기는 하였지만, 한 꺼풀 안으로 들어가 현실을 들여다보면, 인간의 본능을 해결하는 먹고, 싸고, 잠자는 문제는, 과거나 지금이나 앞으로도 똑같을 것이다. 단지 주변의 환경을 바꿀 뿐 원초적인 문제를 예쁘게 포장하고, 환경을 위생적이고 깨끗하고 아름답게 만들고, 질병이 생기지 않도록 하기 위해 보건위생을 철저히 하고 있는 것이다. 앞으로의 변화될 주거환경도 기대가 되지만, 어린 시절 청소시간에 학교 교실 바닥에 뿌리고 바른 추억의 고추기름 냄새가 코끝을 찡하게 자극하는 듯한 기분이 든다.

16

아주 재미난 군대 목욕

　아침 일찍 일어나 새벽에 목욕탕 가는 걸 좋아한다. 어려서는 억지로 떠밀리어 가게 되었지만 그게 습관이 되니 이제는 피로를 푸는 하나의 좋은 방법이 되었다. 군에 입대하여 훈련병 시절의 목욕탕을 잊지 못한다. 훈련 기간은 5주였다. 1985년 1월 17일 입대하였으니 겨울이었다. 훈련 기간 중 한 번의 목욕이 있었으며, 소대원 40명이 목욕탕까지 단체로 이동하여 한꺼번에 목욕탕엘 들어간다. 단체목욕이다. 옷을 벗고 탕이 있는 곳으로 들어가게 한 후 오와 열을 맞춰 앉아 있게 한다. 그런 다음 앉아 있는 훈련병들 중 깨끗해 보이는 1명을 불러 뜨거운 물이 있는 탕 안으로 들어가게 한다. 그리고 목욕탕 물바가지로 탕 밖에 앉아 있는 사람들에게 물을 뿌리게 한다. 그 다음 밖에서는 잠시 동안 비누칠을 하게 한다. 다시 물을 뿌리게 하여 비누가 묻은 몸을 헹구도록 한 후 밖으로 나가 수건으로 물기를 닦고 옷을 입고 나가도록 한다. 이게 군대에서 겪은 아주 재미난(?) 목욕이었다.

훈련을 마치고 자대(50사단 7516부대 연대 군수과에 배치되어 복무할 당시)의 목욕도 역시 나를 실망시키지 않았다. 매우 흥미진진하였다. 고참 순으로 목욕을 하였으며, 갓 들어온 이등병 차례의 순서에서 목욕을 하고 오라는 선임의 말이 떨어져서야 목욕 준비를 하여 기분 좋게 휘파람을 불며 룰루랄라 목욕탕엘 갔는데, 처음으로 하는 자대에서의 목욕은 훈련소에서의 단체목욕은 아닐 것이며, 뜨거운 물도 팡팡 나오고, 인원도 많지 않고 여유가 있으니 기분 좋은 목욕이 될 것으로 전적으로 믿고 기분이 들떠서 체육복으로 갈아입고 목욕탕으로 달려갔다.

아뿔싸! 목욕탕은 규모가 작았으며 기름보일러로 물을 데웠다. 탕 안의 욕조는 네모난 구조로 벽돌에 시멘트를 발라 조각조각 작은 타일이 붙은 구조로 성인 1명 정도가 간신히 들어가 앉을 정도로 작았으며, 탕 밖에는 4~5명이면 꽉 차는 소규모로 목욕탕이라고 말하기에는 너무 작은 규모였다.

탕 안의 물은 시커멓게 변해 완전 구정물이 되었을 정도였으며, 먼저 목욕하러 온 선임은 목욕 후 빨래를 하고 있었고, 탕 안의 물도 온기가 다 식어 미지근한 정도로 열기가 하나도 없었다. 뜨거운 물도 나오지 않았다. 그렇다 하더라도, 탕 안에 들어가 몸을 적셨고, 비누로 샤워를 하고 몸을 닦고 그나마 미지근한 물이라도 목욕을 하고 헹구고, 그렇게 군대에서의 두 번째 목욕을 마쳤다. 이것이 군대에서 재미난 목욕으로 기억에 남았다.

이후, 군 생활 중 목욕은 목욕탕에서는 하지 않았던 것으로 기억한다. 목욕탕을 이용하지 않았다는 것이지, 목욕(샤워)은 계속하여야 했으며, 부대 내의 수돗가(학교 교정에 있는 수도시설처럼 만들어진 수돗가)에서 샤워도 하고 목욕도 하였다. 12월 초순까지 이용하였다.

여름이었나? 부대 내의 수돗가(길게 사각형으로 지붕이 있고, 네 군데의 출입통로가 있으며, 가운데 수도시설 양쪽으로 수도꼭지가 길게 한쪽에 20개씩 40개 정도의 수도꼭지가 있었음)에 홀랑 벗고 샤워를 하는데, 훈련을 마쳤는지 방위병들이 우르르 갑자기 몰려와 서둘러 샤워를 마친 아주 황당한 사건도 있었다. 목욕은 힐링하는 여러 방법들 중 하나로 즐겨 한다.

내 마음의 영성 노트·오늘의 묵상글
　　사람이 어떻게 깨끗해지느냐 하는 데 대하여는, 진실한 뉘우침으로 그렇게 되는 것입니다.

17

펜팔

'국군장병 아저씨께'라는 문구로 시작하는 위문편지를 써 보냈던 시절이 있다. 군인이 되기 전 편지를 보냈던 기억이 있지만, 군인이 되고 나서는 외부로부터 날아오는 한 통의 편지가 얼마나 군인 아저씨의 마음을 즐겁고 두근거리게 하는지 겪어보지 않은 사람들은 모를 것이다. 나 역시 위문편지 아닌 위문편지 같은 펜팔을 군 복무 시절 받아보았고, 군 복무 기간 동안 계속하여 지속적으로 편지를 주고받았던 기억이 있다. 경북 의성에 사는 학생과 부산에 사는 학생으로부터의 편지를 주고받음이 그것이다. 요즘이야 핸드폰으로 SNS를 주고받으니 종이편지가 뒤처진 구시대의 유물이 되어버렸지만……

펜팔에 대한 추억은 과거 중학교 시절로 거슬러 올라간다. 중학교에 입학하자마자 외국의 또래와 펜팔로 서신을 주고받았었다. 서점에서 <해외 펜팔>이라는 책을 사서 펜팔의 방법과 인사말과 편지 내용을 어떻게 써야 하는지, 편지봉투에 주소 쓰는 법, 자기소개를 영어로 표현한 글 등이 책에 담겨 있어서 그것을 응용하고 나름대로 편집하여 자기소개 등 편지 내용글을 자기 자신에게 맞게 만들어 편지를 써서 보냈던 기억이 있다. 미국의 노스캐롤라이나North Carolina에 사는 레니 피치포드Reny Pitchford라는 이름의 친구였다. 펜팔을 길게 하지는 못하였지만 외국의 학생이 보내온 편지를 나름대로 해석하느라 힘도 들었고, 신기하기도 하였고, 한국 사람이 아닌 누군가와 자신의 생각과 이야기를 전하고 듣는다는 것이 호기심 많은 중학교 1학년 시절에 신선한 충격이었고, 계속 이어지지 않은 것이 못내 아쉬움으로 남아 있다.

그렇게 군 생활에서의 펜팔도 군 복무를 마친 이후 자연스레 끝나게 되었으며, 그나마 펜팔로 사귀었던 그 친구들도 많이 그립고, 어떻게 지내는지 궁금한 것은 사실이다. 그 당시 자신들의 사소한 이야기들을 나누며 편지를 쓰는 시간만큼은 적어도 정겹게 편지 받을 사람을 생각하며 글을 썼을 거라 생각하니 그 마음이 고맙고, 고마운 감정의 그 마음이 지금 이 순간도 되살아나 편지를 받고 기뻐하였을 군 복무 시절의 나 자신을 생각하니 펜팔로 군인 아저씨를 위로해준 그들이 무척 고맙고 소중하게 느껴진다.

때로는 그들과의 인연이 단절되어서 아쉽지만, 지금이라도 고

마음을 표하며 그 마음을 위로하고 보듬어주고 싶은 마음은 사랑과 우정의 감정이 마음 한자리에 깊숙이 자리하고 있기 때문일 것이다. 물론, 그 당시에도 그러한 감정의 표현을 하였겠지만 다시 한번, 이 시간 그들에게 사랑의 마음을 듬뿍 담아 편지로 보내주고 싶다. 보낼 수는 없지만 보내준다. 위로해주어서 고맙고 감사하다고.

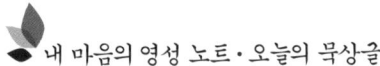
내 마음의 영성 노트·오늘의 묵상글

> 금전욕에도, 육욕에도, 권력욕에도 반대하여라. 이런 것이 사탄이 너희들에게 제의하는 것이다. 아! 그의 기만적인 보물들! 명예, 성공, 권력, 돈 따위는 너희들이 너희 영혼을 주고 사는 부정한 상품들이다. 너희들은 얼마 안 되는 것으로 만족하여라. 하느님께서는 너희들에게 필요한 것을 주신다. 그것이면 충분하다.

18

가곡
- 고향의 노래를 부르며

　1988년, 대학교 3학년에 복학을 하던 해이다. 학기 초 학과의 학회장을 뽑는다고 하기에 출마를 하였다. 선거참모로 친한 친구에게 부탁을 하여 함께 선거운동을 하러 다녔으며, 4학년, 3학년 1~2학년의 각 수업이 끝나는 강의실에, 강의 5분 전 얼굴을 비추며 자신의 소개를 하고 출마의 변을 토로하며 학회장으로 자신을 지지해 달라는 선거유세를 하러 다녔다. 1학년 학생들에게는 나름대로 대학생활에서 유용할 수 있는 도서관 이용방법을 적은 유인물을 나눠주며 지지를 호소한 기억이 난다.

　선거결과 이후, 학업에만 열중하게 되었다. 학교 도서관의 좋은 자리를 차지하기 위해 새벽 일찍 나와 줄을 서고, 정해진 시간이 되면 앞다투어 달려갔던 그때가 생각난다. 학교 도서관 열람실에도 명당자리가 있다. 매일매일 그러한 자리를 잡기 위한 경쟁이 치열했던 것이다. 처음 학교 도서관 열람실을 찾아갔을 때는 빈자리 찾기가 하늘의 별따기만큼이나 어려웠다. 자리가 있어도 집중할 수 없는 입구 쪽의 칸막이도 없는 회의용 테이블 같은 그런 자리밖에 구할 수가 없었다. 도서관 문 여는 시간을 알아보고, 그 시간에 맞춰 오면 되겠구나 생각하고 왔는데도 이미 가방이 줄을 서고 문이 열리자마자 뛰어가서 자리들을 잡는 아주 진풍경을 목격하게 되었고, 몇 시에 나와야 하는지 정보를 알아낸 다음에는 문을 여는 시간보다 2~3시간은 앞서서 나와야 하고, 가방을 줄서기에 끼워 넣고 문 열기를 기다려 했다.

그렇게 입성한 도서관 생활은 강의 때에는 강의실에 가고, 공강시간에는 도서관에서 공부하는, 그렇게 도서관 열람실을 활용하며 선거참모로 도와준 그 친구와도 도서관 자리를 함께하며 공부를 열심히 했던 기억이 난다. 그렇게 한 학기가 가고 2학기가 개강하여 가을의 문턱을 지나는 즈음, 10월에 제법 날씨도 서늘해지는 가을, 국화꽃도 예쁘게 피어나던 그때에 그 친구와 도서관의 열람시간이 끝나는 늦은 밤에 책가방을 들고 나오면서 고향의 노래를 목청껏 부르곤 하였다.

그 시절 추억이 생각나는 아름다운 가곡이다. 30여 년의 시간이 흐른 지금도 고향의 노래 가곡을 듣노라면 가을밤 코끝이 차가워지는 느낌의 서늘함과 함께 대학 교정에서 무슨 성악가라도 된

양 목청껏 소리 지르며 함께 부른 친구의 노랫소리가 바람을 타고 들려오는 듯하다. 아~ 그리운 추억의 노래여.

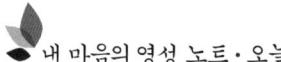
내 마음의 영성 노트·오늘의 묵상글

> 일곱 가지 이름을 가진 보물이 있는데, 그것은 비천한 사람도 가질 수 있고, 아무리 부유한 왕이라도 차지할 수 없는 보물이다. 너희들은 그것을 가지고 있다. 그리고 나는 그것을 원한다. 그 이름을 들어보아라. 사랑, 믿음, 착한 뜻, 곧은 의향, 절제, 성실성, 희생정신이다. 이것을 나를 따르는 사람에게서 원하고, 이것만을 원한다. 너희는 이것을 가지고 있다.

19

개미와 베짱이

이솝우화 중 하나로서, 이 이야기를 모르는 사람은 없을 것이다. 미래를 위해 계획하고 일하는 가치에 대한 양면적인 도덕적 교훈을 준다. 이 겨울을 대비해 음식을 모으는 개미와 따뜻한 계절 동안 노래를 부르며 시간을 보낸 베짱이에 대한 이야기이다.

겨울이 오자, 베짱이는 굶주림에 시달리다 개미에게 음식을 구걸하고, 개미는 베짱이의 게으름을 비난한다. 그러나 이 개미와 베짱이의 우화에서도 반전이 있다. 노래만 부르던 베짱이는 저작권자로 자신의 작품이 등록되어 작품료 수입이 어마어마하게 되었다 하고, 일만 하던 개미는 온몸이 신경통, 요통으로 고생을 하게 되었다는 내용이다. 지어낸 이야기이고, 우스꽝스럽게 짜맞춘 이야기이다. 일만 죽어라 해서 정말 일만 하다 노년을 맞이하는 그런 분들이 계신다. 수십 년을 열심히 일하고 돈 벌어서 자식들 가르치며, 다 키워 출가시키고, 이제 살만한가 싶으면 병들고, 몸 다쳐 늘그막에 쉬지도 못하고 병들어 병원 신세를 지는 노년이 된다면, 무엇을 위해 인생을 살았나 하는 아쉬움이 생길 것이다.

각자의 처한 상황이나 입장에 따라 다를 수 있다. 그렇다 하더라도 열심히 살아온 삶을 비난할 수는 없을 것이다. 개미처럼 일만 하는 상황이 딱한 처지라는 것이다. 베짱이처럼 놀기만 하는 상황도 내일을 준비하지 않는 것으로 비춰지기에 비난을 하는 것일 테다.

어떤 분께서 나이 들어 해외여행을 갔다 왔더니 더 젊어서 여행을 다닐 것을 너무 늦은 나이에 온 것 같아 한 살이라도 더 젊었을 때 열심히 여행을 다니라는 말씀을 하셨다. 그렇긴 하지만 뭐 놀러가고 싶지 않아서 안 가나? 상황이 그렇게 되어 있으니 못 가는 것이지.

대부분의 사람들이 그럴 것이다. 직장을 다녀야 하고, 장기간 휴가를 내어 여행을 갈 만큼 시간이 허락을 해주질 않고, 시간이 허락이 되더라도 주변 여건이 여행을 갈 만큼 상황을 만들기가 쉽지 않다는 것이다. 개미처럼 일하면서도 베짱이처럼 놀기도 하는, 일을 열심히 하면서 건강도 잘 챙기는 지혜로움이 필요할 것이다.

20

어뗘~ 시원햐~~?

우리 부부는 중매결혼을 하였다. 청주 백화점 입구 정문에서 처음으로 만나기로 하였으나, 약속한 시간에 30분이 지나도록 나오지 않아, 돌아가려다 공중전화에서 그녀의 집으로 전화를 하였더니, 출발하였다는 이야기를 듣고 다시 약속장소로 돌아가 만났던 기억이 난다. 그날 가톨릭미술협회 작품전시회 카탈로그를 받아와서 사무실 책상 앞 책꽂이에 넣어 (가끔 꺼내보며 작품을 감상함) 놓았고, 얼마의 기간이 지난 후 1994년 6월 5일 결혼을 하였다.

신혼살림은 서울 사당동에서 시작하여, 지금은 천안 집과 아산 가게에서 두 집 살림살이를 하고 있다. 신혼 이후 서울에서의 직장생활을 청산하고 천안으로 내려와 살면서, 많은 세상의 부딪힘과 결혼생활의 부딪힘 등으로 이혼의 위기까지 왔었으나, 그래도 어려운 난관을 극복하고 함께 30여 년을 살아왔다. 헤어지지 않고 살아와준 나도, 너도 참으로 고맙고 기특하다.

아내는 2남 3녀의 막내다. 장인, 장모와 형제 가족분들이 맘에 들어 결혼을 하기로 결심한 이유이기도 하다. 가끔은 TV에서 연예인들이 잉꼬부부 어쩌고 하면서 나오기라도 하면, 우리 부부는 이야기한다. "저것들 살아봐. 저런 말 나오나! 저거 다 쇼윈도 부부야"라고 폄하하며 험담을 하곤 하였는데, 그렇게 결혼생활은 서로에게 불편한, 수행은 산속이 아닌 세상에서 하는 것임을 몸소 체험하며 살아왔다.

눈치코치로 살아가고, 배워가는 사회생활과 결혼생활은 순탄한 항해가 아닌, 늘 살얼음판을 걷는 험난한 길이다. 지금도, 예전처럼 날카롭지는 않고 무디어지긴 했어도, 여전히 긴장하고 조심하며 살아가기는 노련해졌을 뿐이지 마찬가지다. 홀아비가 살면서 제일 힘들 때는 깻잎을 떼어먹을 때라고 하였던가? 서로의 등이라도 가려워서 긁어 달라고 하면, 꼭 장난을 치고 엉뚱한 곳을 긁어주며, 긁는 게 아니라 간지럽히는 모습은 어린아이들 소꿉장난하는 것 같아 웃음이 나오곤 한다.

그렇게, 30년을 함께 살아오면서 사랑보다 더 찐한 전우애로 똘똘 뭉친 우리가 되었다. 눈치도 빠르고, 서로의 성격과 장단점을 알기에 상처 주지 않으려 부딪치지 않고 비켜가는 조심스러운 모습도 보이고, 그러다가 충돌해도 웃음으로 마무리하는 친구가 되어버렸다.

"이리 와봐~~"

"내가 안마해줄게"

"어뗘~"

"시원햐~~?"

🌱 내 마음의 영성 노트·오늘의 묵상을

순결하고 거룩한 사람들, 하느님께 열중한 사람들이 가진 깨끗하고 화평하고 축복하는 눈이다.

21

반려견 덕구와 단추

강아지와 고양이를 키우는 애견, 애묘 인구가 이제 천만 명에 이른다고 합니다. 애완동물을 키우고 함께 생활하고, 동물과 사람이 가족처럼 지내고 있지요. 심지어 외국에서는 애완동물에게 상속까지도 한다고 하네요. 저희 집에도 애완동물, 반려견이 있습니다. 덕구라는 백색의 흔한 한국 토종 진도견입니다. 2014년 여름에 직장의 거래처 주유소 사장님께서 분양해주었는데 모계혈통은 진도견 순종이고, 부계혈통이 잡종견으로 강아지 어미 이름이 '덕만'이라고 하여, 이름을 '덕구'로 지었으며, 그해 여름부터 겨울까지 주택의 옥상에서 키웠고, 봄에 회사로 데려와 잔디밭에서 키우다가 2016년 가을에 부득이 아는 분께 분양을 하여 당진으로 보내게 되었습니다.

당진에 사시는 지인분도 이미 강아지를 2마리나 키우고 있었지만, 팔지 않겠다는 조건을 달아 키워달라고 하였습니다. 강아지 집과 목사리, 용품 등 여러 가지를 챙겨 데려다주고 돌아왔는데, 3일 후 그곳 당진으로부터 연락이 왔어요. 매일 저녁이면 울고 있다고, 다시 데려가야겠다고 하더군요. 그래서 할 수 없이 이 녀석 덕구를 데리고 시골 처갓집으로 데려갈 수밖에 없었습니다. 장모님께는 죄송하였지만, 양해를 부탁드렸지요.

 2016년 가을이었습니다. 그때부터 강아지가 걱정되어 처갓집을 수시로 들락날락하였는데, 장모님과 동네분들은 '덕구' 덕에 자주 보게 된다고 반가워하였지요. 장모님도 예전부터 가축을 키우셨다고 합니다. 우리의 부모님 세대 어르신분들이야 지금처럼 애완동물이라 부르기보다, 가축으로 키워서 잡아먹거나, 여름 복날 몸보신하기 위한 수단으로 요즈음처럼 집 안에서 키우는 것은 상상조차 하기 힘든 일이었지요.

 장모님 댁에도 개를 키우던 강아지 우리가 있습니다. 판자대기로 지어서 얽키섥키 철망으로 가리고 개 한두어 마리는 키울 수 있는 공간이 되겠더라구요. 하지만 농기구나 잡자재들로 채워져 있어서 치우고 덕구를 넣기에는 마땅치 않았지요. 그래서 덕구가 쓰던 플라스틱으로 된 대형견용 집을 잘 차려놓아 쓰도록 하였습니다. 장모님께서 홀로 시골집에서 지내고 계십니다. 그나마 이제는 덕구랑 친해져서 재밌게 지내고, 덕구가 없어지면 서운해질 거라고 하십니다.

　장모님께서 예전에(30년 전쯤) 키우던 강아지 이야기를 해주어 들었습니다. 장모님을 몹시도 잘 따르던 강아지가 있었는데, 논밭에 나가서 신발을 벗어놓고 일을 하면 꼭 따라와서 신발 옆을 지키고 깔고 앉아 있다가 장모님이 오시면 신발을 내어주고, 그렇게 잘 따르고 했던 강아지가 있었다고 합니다. 일을 마치고 벗어놓은 신발과 짐을 챙길 때도, 강아지가 있는 곳을 찾아가면 그곳에 있었다고 합니다.

　그랬던 강아지를, 이제는 성견이 되어서 팔아버릴 수밖에 없는 상황이 되었답니다. 개장수에게 개를 넘겨주고 나갔는데, 개장수가 다시 와서 개를 놓쳤다고 잡아 달랬답니다. 강아지를 불러 잡아주고 개를 개장수에게 넘겨주었는데, 그때 개의 눈빛이 어찌나 슬퍼 보였는지 아직도 생생하다고 하시며, 개장수에게 강아지를 넘겨주는데, 못할 짓을 한 것 같다고, 그 강아지를 생각하면 눈물이 난답니다. 당신을 잘 따르던 개를 팔아버렸으니…… 그 이후로 다시는 개를 키우지 않으셨다고 하셨습니다. 처갓집에 맡겨놓은 강아지 덕구 때문에 더 자주 처갓집을 방문하게 되었고, 장모님은 사위의 잦은 방문에 강아지 '덕구' 덕을 본다고 우스갯소릴 항상 하시곤 하십니다.

단추는 스피치와 포메라니안의 믹스종이랍니다. 일명 폼피츠! 이 녀석은 2017년 5월 누군가 버릴 수밖에 없었던 유기견이 될 처지의 녀석을 딸아이가 데려와 키우던 것을 집으로 데리고 온 녀석입니다. 생명이 없는 물건들도 정이 들고, 오래도록 사용한 것들은 나중에 시간이 흐르고 다시 보면 옛날의 추억들이 떠오르고 정감이 있게 다가오지 않습니까? 하물며, 나를 따르며 웃고 즐기며 뛰어놀던 반려견과의 우정은 사람들과의 사이에서 느끼는 감정만 못하겠습니까?

추억을 공유한다는 것은 그래서 중요한 것입니다. 지나가는 시간을 누구와 무엇과 공유하며, 어떤 사연을 만들었는지, 만들어가는지…… 인생은 그렇게 추억을 만들어가는 시간과 시간의 연속이지 않겠나 하는 생각입니다. 사람과 사람으로 즐겁고, 사람과 반려견으로 즐겁고, 사람과 소중한 물건으로 즐겁게 오늘 하루도 이어가는 것, 만들어가는 것, 그것이 인생이라고 봅니다. 오늘 아침도 이 녀석들 데리고 산책을 나갑니다.

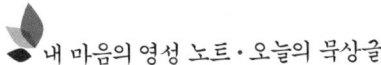
내 마음의 영성 노트·오늘의 묵상글

> 정의와 정직과 절제와 연민, 진리를 알려고, 하느님을 알려고 힘쓰는 것, 그것은 이 지식이 없으면 어떤 행위도 은총을 받지 못하고, 따라서 영원한 상급을 받지 못하기 때문입니다.

22

개 팔아 기타를 사다

고등학교 1학년 늦가을이나 겨울 초 방학하기 전쯤이었다. 우리 집에는 강아지를 여러 마리는 아니지만 한 마리 정도는 키워왔었다. 성견이 되면 치우고 어린 강아지를 구해와서 또 키우고, 그렇게 내게는 애완견이지만 부모님 입장에선 키워서 팔아 치우는 가축이었다.

요즘은 사료로 키우지만 예전에는 먹다 남은 음식들을 개에게 주던 시절이었으니, 지금처럼 애완견에게 돈을 쓰지는 않았고, 강아지 키우면 공돈이 생기는 것이었다. 그렇게 어린 강아지가 자라서 개(성견)가 되고, 개의 운명은 주인어른의 처분에 따라 식용으로 팔려나가는 그런 개팔자였으리라. 그래서였을까? 그렇게 개를 처분하는 것이 싫어 어머니에게 강아지를 절대로 팔지 말라고 신신당부를 하였던 기억이 난다.

그러던 어느 날, 학교에서 돌아오면 늘 나를 반기던 누렁이가 보이질 않는 것이었다. 울고불고 엄마를 찾으며, 개 어디 갔냐고 난리를 쳤다. 개장수에게 팔아버렸단다. 아뿔싸! 왜 팔았냐고, 팔지 말랬는데, 절대 팔지 말랬는데…… 흥분을 가라앉히고 이왕지사 일이 이렇게 된 거 엄마에게 개 팔은 값에 대한 흥정을 제안하였다.

그 당시 나는 기타를 몹시 갖고 싶어 했었다. 용돈을 받는 것도 아니었고, 딱히 돈을 모은 것도 없었고, 차일피일 언제나 기타를 살 수 있을까 고대하던 때였다. 악기점 가게를 지날 때면 진열된 기타가 갖고 싶었지만 그림의 떡이었다. "엄마! 개 판 돈으로 기타 사줘" 엄마는 이런 나를 이끌고 마지못해 음악사로 갔다. '정다운 음악사' 간판 이름도 기억한다. 우리 동네 회나무 거리에서 삼수학교 쪽으로 가다가 인수당 한약방 가기 전 좌측에 있었던 상점가게.

새것 A급은 비싸서 살 수가 없었다. 주인이 쓰던 중고 클래식 기타를 헐값에 사왔고, 그때부터 독학으로 기타를 배우기 시작하여, 지금까지 내가 외롭거나, 즐겁거나, 슬플 때 위로하고 기뻐하며 동고동락하게 된 기타가 되었다. 그때, 그 개가 아니었다면 기타를 배우기는커녕 손에 만져보지도 못하였을 것이다.

진천성당 에서 (1994.6.5)

 내 마음의 영성 노트·오늘의 묵상글

> 너희들 안에서 동물적이고 악마적인 경향이 죽기를 요구한다. 그런데 육체가 그 욕망을 그대로 가지고 있는 한 거짓말, 교만, 분노, 자존심, 탐식, 인색, 게으름 따위가 남아 있는 한 이 경향들이 없어지지 않는다.

23

다시 태어난다 해도,
지금의 아내를 선택하시겠어요?

부부 연예인들이 예능 프로에 나오면 MC가 하는 질문이 있다. 다시 태어난다 해도 지금의 아내를 선택하시겠어요? 아파트, 연립주택, 단독주택 모두 살아봤다. 각각의 장단점이 있겠지만 우리 부부는 관리비가 없는 연립이나 단독주택을 선호한다. 단독의 상가주택 3층에 살았을 때는, 4층 옥상까지 우리가 사용할 수 있어서 여름철에는 더위를 피해 널마루에 텐트를 설치하여 캠핑 기분도 내고, 열대야도 피하고, 하늘의 별을 보며 잠을 청하기도 하였다.

집사람은 화초 가꾸기, 원예치료가 취미이다. 그냥 내 눈에는 식물이다. 알로카시아, 엘라스티카페티드, 아라비안 자스민, 왓소니아, 일출, 엔젤, 은설, 익소라, 오렌지 자스민, 에크메아파시아타, 에피덴트룸, 앙그레컴, 인삼벤자민, 유리호프스, 아펠란드라, 은테사철, 아네모네, 야래향, 옥금강, 일일초, 안스리움, 물안개

꽃, 안개꽃, 율리아, 아몬드, 아스파라거스 등 화초의 이름들이다. 선인장도 웬 종류가 그렇게 많은지 하나둘 모으고 모아서 키우는 것이 100여 종이나 된다고 하니, 온 사방천지가 화분이며 꽃이다.

이것들도, 여름에는 그나마 보기도 좋고, 물 주기도 낫고, 햇볕에, 그늘에 적당히 놓아주고 옮겨주면 되었지만, 가을을 지나 겨울이 오면, 추위에 얼어 죽을까 봐 계단으로, 집 안 베란다로 옮겨 주어야 했는데, 그럴 때마다 양을 줄여서 몇 개만 키우라고 잔소리라도 하면, 집사람은 일하기 싫으면 관두라고 되레 역정을 낸다. (깨갱~)

봄이면 다시 꺼내어 옥상으로 옮겨야 하고, 그렇게 해마다 겨울과 봄이면 화분을 옮겨야 했다. 빈 화분도 왜 그리 많은지, 꽃을 좋아하는 게 아니라 화분을 좋아하는 모양이다. 처갓집 장모님은 텃밭에 해먹을 파, 배추, 깨, 상추, 고구마, 감자, 고추, 가지 등 보통 우리가 흔하게 사먹는 채소들을 직접 가꾸어 수확하여 먹는다. 주말에 어쩌다 처갓집이라도 놀러가면 꼭 일을 시키는데, 이리 뺀질, 저리 뺀질 일은 하지 않고 (할 줄도 모르고) 놀기만 하고, 일하는 시늉만 한다. 그래도 장모님은 막내사위가 최고라고 제일 좋아하신다.

누가 내게 다시 태어난다고 해도 지금의 아내와 결혼하시겠습니까? 라고 묻는다면, 두 가지 질문을 하여, 그에 대한 답변을 듣고 결정하겠다, 라고 말할 것이다.

첫째, 꽃을 좋아하는지, 화분을 좋아하는지

둘째, 시골 부모님께서 고구마 농사를 짓는지, 안 짓는지

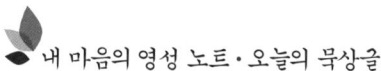
내 마음의 영성 노트·오늘의 묵상글

생명은 존재가 아닙니다. 그리고 존재가 생명은 아닙니다. 이 기둥에 붙어 있는 포도나무는 존재합니다. 그러나 내가 말하는 생명은 가지고 있지 못합니다. 멀리 있는 저 나무에 매어져서 매애매애 하고 울고 있는 저 양도 존재합니다. 그러나 내가 말하는 생명은 가지고 있지 못합니다. 내가 말하는 생명은 존재와 더불어 시작되지 않고, 육체와 동시에 끝나지 않습니다. 내가 말하는 생명은 어머니의 태중에서 시작되지 않습니다. 그 생명은 하느님께 창조되어 육체 안에 살도록 만들어진 영혼으로 하느님의 생각 안에 태어날 때에 시작되는 것입니다. 이 생명은 죄가 그것을 죽일 때 끝나게 됩니다.

24

김 병장, 첩자 되다

연대장님께서 김 병장에게 부여한 임무

여자들은 시집 가서 시집살이를 한다지만, (요즘은 아니겠지만) 남자들은 군대에서 시집살이를 경험해본다고 한다. 누가 한 말인지 공감이 된다. 상명하복으로 상급자의 명령을 무조건 따라야 하며, 계급이 깡패라는 말처럼 고참의 말은 옳고 그름을 떠나 억지를 부리든, 꼬장을 부리든 로봇처럼 시키는 대로 해야만 하였다.

그렇다고 그렇게 무대뽀인 경우는 흔치 않은 경우이지만, 하여튼 적응이 안 되는 신병의 경우에는 어리둥절, 횡설수설, 대략난감한 상황들이 가끔은 발생하는데, 그것도 시간이 지나 적응을 하게 되면, "아~ 이렇게 군 생활을 하는 것이구나. 아~ 이런 거구나"라고 이해하게 되었다. 연대 군수과의 2, 4종 계원으로 행정업무를 보았고, 선임들에게서 행정서류 작성방법과 요령을 배웠다. 독수리 타법이기는 하지만 타자도 군대에서 배웠다.

병장 때의 일요일 어느 날, 주임상사가 내무반에 오셔서, 연대장님께서 천주교 신자인 병사를 찾는다고 하셨다. 내가 불려 나갔다. 연대장실로 데리고 가더니, 오늘 자네에게 종교행사에 참여할 기회를 줄 테니, 경주 시내의 성동 성당에 가서 미사를 보고 오라는 것이었다. 이게 웬 횡재! 기분이 너무 좋았다. 그것도 1호차(연대장차)로 데려다준다는 것이다. 단, 미사를 보면서 신부님이 강론 때 어떤 말씀을 하시는지 듣고 와서 보고하라는 것이었다. 스파이로 보내는 것이었다. 다행히 신부님의 강론은 정치 성향의 이야기는 하나도 없었다. (만약 있었다 하더라도 보고하지 않았겠지만)

어찌 되었든, 내 인생의 2년 3개월 (30개월이었지만 3개월 단축 혜택, 대학교 1~2학년 때 1주일씩 병영 훈련과 전방입소 훈련을 받아 27개월 복무함) 병역의무를 다하고, 나라에서 입혀주고, 먹여주고, 재워주는 아주 호강(?)하는 군 생활을 즐겁고 재미있게 마치고, 무사히 제대하게 되었으며, 태생적인 무한 긍정과 넘치는 유머감각, 부드러운 성격으로 군 복무를 마치고 건강한 청년으로 사회에 복귀할 수 있었다.

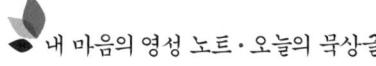
내 마음의 영성 노트·오늘의 묵상글
은총으로 하느님과 결합한 인간 정신의 숭고함

25

한강이 미소짓게 하는 것

한강의 기적이라고 말한다. 6.25한국전쟁으로 폐허에서 이룬 경제성장, K-pop, K문화가 세계인들의 이목을 집중시키고 있다. 내가 겪은 한강! 1994년 여름 한강 고수부지 수영장! 신혼 초 사당동에서 살았을 때인데, 처조카들이 (초등학교 1학년, 3학년) 여름방학 때 서울 이모네, 고모네라고 놀러온 것이다. 한강 고수부지 수영장이 있어서 그곳에 놀러갔다.

한강변에 수영장을 만들어 운영하고 있었다. 신나게 놀았던 기억이 있고, 유아존이라고 물이 무릎도 안 차는 곳도 있었고, 물은 햇볕에 데워져 따뜻했던 기억이 난다. 그래도 물놀이는 즐거웠다. 여름철 퇴근하고 저녁이면 사당동에서 한강 고수부지까지 아내와 자전거로 놀러간 기억도 어렴풋하다.

2000년도의 일이다. 충남 아산 소재의 중소 제조업체 관리파트 장으로 근무할 때, 회사의 외국인 근로자를 출국시키는 일로 인천 공항까지 데리고 가야 했다. 외국인 근로자들에게 나름 서울 구경을 시켜준답시고 올림픽대로를 자동차를 타고 지나가며, "보여? 저게 무슨 강인 줄 알아? 한강이야! 엄청 크고 넓지?" 그러자 출국하는 외국인 근로자가 하는 말이 "저건 강도 아니네요. 양쯔강 못 보셨죠?"라고 답한다. 양쯔강에 비하면 저건 강도 아니란다. 양쯔강에 비하면 한강은 또랑이네~ (한강의 길이는 514km / 양쯔강의 길이는 6,300km임)

2004년 여의도 한강 불꽃축제! 해마다 가을이면 불꽃축제가 한강 여의나루에서 열린다. 천안에서 전철을 타고 초등학교 1학년인 딸아이와 함께 구경을 갔다. 여의도역에서부터 인파로 발 디딜 틈이 없었고, 우리가 내린 이후 여의도역은 무정차하고 통과하였으며, 잔디밭과 여의나루 강가에는 불꽃축제를 현장에서 보기 위해 수많은 사람들이 자리 잡고, 돗자리 펴고, 음식을 먹으며 기다리고 있었다. 불꽃축제가 시작되었다.

하늘로 쏘아지는 수많은 불꽃들, 아름다운 무늬, 펑펑 터지는 밤하늘의 야경은 지루할 틈 없이 이어졌고, 축제가 끝나갈 무렵 딸아이와 마포대교를 걸어서 건너와 전철을 타고 귀가하였다. 20여년이 지난 지금도 불꽃축제에 대한 TV광고나 뉴스가 나오면 딸아이는 초등학교 시절 아빠와 함께한 추억을 떠올리며 한강 여의도 불꽃축제 이야기를 한다. 요즘도 가끔 서울 나들이로 한강을 지나 갈 때면 이러한 추억과 기억이 떠올라 미소짓게 된다.

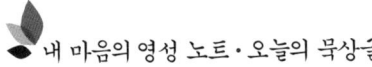
내 마음의 영성 노트·오늘의 묵상글

> 겸손하여라. 유순하고 참을성을 가져라. 악습에 대하여는 강하고 맹렬하여라. 눈을 조심하여라. 음란한 사람이 되는 것보다는 탐욕이 가득한 눈을 뽑아서 소경이 되는 것이 더 나을 것이다.

26

정치인의 반은 협잡꾼이다

　자영업을 하기 직전, 중소 제조업체의 관리부장으로 재직할 때의 일이다. 회사는 제품개발과 기술도입을 위해 일본인 기술자를 초빙하여 숙식을 제공하며, 기술 지도를 받은 적이 있다. 일본인 기술자(후야마 수지FUYAMA SHUJI)가 입국하여 출국할 때까지 출근 시 픽업과 퇴근 시 저녁식사를 하고, 숙소로 모셔다드리는 게 나의 임무다. 매월 3일간 5개월 기간이었다.

　그러던 어느 날, 기술 지도 기간 동안의 점심식사는 사장님이 직접 후야마상과 통역자가 외부의 식당에서 식사를 하고 오시었는데, 일본인 기술자인 후야마상과 점심식사를 하고 오라는 사장님의 지시가 있었다. 하여, 후야마상과 통역자와 함께 차를 타고 식당으로 이동하던 중, 차 안에서 조용히 있을라니 어색하여 분위기를 깨기 위한 아이스 브레이크Ice Break를 하기로 하고, 이야기를 해주기 위해 통역하시는 분께 양해를 구한 후, 후야마상에게 통역해 달라고 하였다.

어느 분께서 신문사에 기고하여 "정치인의 반은 협잡꾼이다"라는 글을 올렸다고 합니다. 그러자 그 신문의 기사를 읽은 정치인들과 일부 국민들은 화가 머리끝까지 났고, 정치인들을 협잡꾼이라고 하다니 참을 수가 없으니, 지금 당장 정정보도를 내시오! 라며 난리를 쳤다고 합니다. 기고하신 분은 여기저기 야단법석이어서, 할 수 없이 정정보도를 내기로 하였답니다. "정치인의 반은 협잡꾼이 아니다"라고……

유머러스한 이야기를 들은 후야마상과 통역은 재미있어 하였고, 이후 이야기들을 주고받았는데, 도쿄에 살고 계시는 후야마상은 3층 건물에, 자신은 3층에 살고, 1층은 부인이, 식사 때만 2층에서 만난다고 하여 또 한 번 웃음을 자아냈다. 정치인들에 대한 불신은 어느 나라에나 있는 모양이다. 1970~1980년대 때 나의 아버지는 그러셨다. "민나 도로보데스"라고.

민주주의의 역사가 하루아침에 이루어지지는 않았듯이, 아직도 먼 길이기는 하겠지만 언론, 출판, 집회, 결사, 표현의 자유가 있었음에도 불구하고, 입바른 소리 했다가는 쥐도 새도 모르게 권력자 집단의 응징을 받았던 시대가 있었으니, 과거보다는 그나마,

오늘의 현실은 다행이다, 라는 생각이 들기도 한다. 좌우의 이념갈등과 대립이 정반합의 정신으로 사회와 정치의 진화도 이루어져 가고 있음을 믿고 싶다.

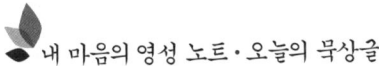
내 마음의 영성 노트 · 오늘의 묵상글

그런데 이기주의가 극도에 달하여, 피로하고 낙담하고 진가를 인정받지 못하고 걱정이 있는 남편에게 아내가 쓸데없고, 또 때로는 옳지 못한 그의 불평의 짐을 보태준다. 이 모든 것은 아내가 이기적이기 때문이고, 사랑하지 않기 때문이다.

27

앞치마만 둘러도
행복합니다

"나 홀로 자영업! 앞치마만 둘렀을 뿐인데, 이제는 앞치마만 둘러도 행복합니다" 월급을 받는 직장생활을 할 때는 몰랐다. 구걸을 하지 않고 남의 주머니에 있는 단돈 만 원도 내 주머니로 옮기기가 쉽지 않다는 것을. 회사의 구성원으로 자신의 역할에 충실하면 되었으니까. 자영업을 처음 시작할 때는 내 사업임에도 불구하고 출퇴근하는 자신의 모습을 보면서 이건 아니지 않는가? 오고 가기만 한다고 자동으로 월급이 나오는 게 아닌데, 생각을 고쳐먹기로 하였다.

보다 더 능동적이고, 적극적으로 사원 근성, 직원 근성을 버리고 내 비지니스, 내 사업임을 명심하여 자세와 태도를 바꾸자. 어떻게든 살아남아야 한다, 라는 단단한 각오로 하루 24시간 사업장에서 먹고 자고 돌파구를 찾아 망하지 않을 방법을 찾았고, 일신우

일신하며 하루하루 성장하고 발전하는 모습으로 나아가자고 자신에게 다짐하며, 차곡차곡 한 계단 한 계단 내딛게 되었다.

조직의 구성원이 일할 때는, 머리로 일하는 무리가 있고, 몸으로 일하는 무리가 따로 있어서 각자의 역할에 충실하면 되었지만, 이제 내 사업, 나 홀로 자영업을 하는 입장에서는 몸과 머리로 모든 일처리를 홀로 다 하여야 한다. 학생은 학생복, 군인은 군복, 직장인은 근무복, 이렇듯 단체나 조직에서는 유니폼을 입는다. 같은 형태의 한결같고 평등하게 제복을 입는다. 이제 갓 들어온 신병도, 신입직원도 군복을 입히면 군인이 되고, 근무복을 입히면 사원이 되듯 오래 근무하여 곧 퇴임하는 장병이나, 은퇴를 앞둔 고참직원이나 제복이나 근무복을 입혀놓으면 군인이고, 직원이다.

광택은 자동차의 도장면을 다듬어 빛나게 하는 작업을 말하는데, 약품(컴파운드)과 풀리셔라는 기계를 가지고 자동차의 외관을 닦아내고 깎아내어 준 후 코팅제를 도포하여 클리어 코트 위에 얇은 피막을 형성시켜 난반사를 정반사로 바꾸어 광택이 나게 해주는 것을 말한다. 광택을 하는 나의 근무복은 앞치마이다.

처음으로 앞치마를 두를 때다. 마치 내가 군복을 처음 입었을 때의 기분처럼 대단한 전사가 된 기분인양 앞치마를 두르고 우쭐했던 기분을 기억한다. 앞치마를 두르지 않고도 일은 할 수 있겠지만, 작업 시 약제가 옷에 묻는 것과 도장면에 몸이 닿아 예기치 않은 스크래치의 발생을 미연에 방지하는 이유로, 처음 광택을 배울 때부터 앞치마는 두르고 작업하였고, 지금도 앞치마를 두르는 것이 마음자세를 두르는 것처럼 생각되어 군인이 군복을 입듯, 경찰이 경찰복을 입듯 앞치마를 두르고 일을 시작하며, 앞치마를 두르기만 해도 일을 할 수 있다는 기쁨에 행복함이 넘쳐 오른다.

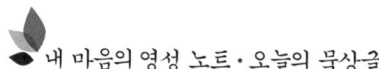
내 마음의 영성 노트 · 오늘의 묵상글

> 오직 하느님을 위하여 내 심장이 뛰고, 오직 하느님을 위하여 내 존재 전체를 바치겠다는 의지

28

서울특별시 강남구 논현동 204번지

　서울에서 직장생활을 할 때 회사 근처의 독서실에서 근무를 하며 출퇴근을 하였다. 1991년 주민등록상 주소지이다. 건물 주인 어르신은 충북 오창이 고향이시라고 하셨고, 학교 서무과장으로 정년퇴임을 하신 후 건물을 지어 독서실을 운영하고 계셨다. 짧은 기간 근무를 하였던 것으로 기억된다.(6개월 정도) 그 당시 건물 주인은 바로 앞 거평플라자 건물과 소송(독서실 건물을 먼저 지었고, 이후 거평플라자 건물을 신축 중이었는데 건물에 금이 가고, 외벽이 갈라지는 피해가 발생하여 피해 보상을 해달라는 소송)을 하고 계셨는데, 소송 대리인 변호사가 거물급 정치인 변호사였던 것으로 기억된다.

　하지만 이름만 걸고 소속 변호사들이 대리하는 형태라서 기대하는 만큼 성과가 나지 않자 선임된 변호사를 해임하고 나 홀로 소송을 진행하였다. 이러한 소송과 관련하여 독서실 총무로 근무한 이유로 소송사건의 증인으로 법원에 출두하여 피해 사실에 대한 증언을 하기도 하였다.

평생을 학교 서무과장으로 지내셨던 분이셔서, 늘 부지런하시고 꼼꼼하시고 철두철미하신 게 몸에 밴 분이시다. 이분은 담배를 피우시지 않으셨다. 그래서 담배는 안 피우시나요? 라고 여쭤보았는데, 이분 하시는 말씀이 자기는 담배 골초였는데, 어느 날 담배를 피우다가 담뱃불이 떨어져 와이셔츠가 불에 타는 소동을 겪었다고 한다. 그 이후로 담배는 손에 대지도 않게 되었다고 하셨다. 담배를 끊게 된 사연치고 아주 희한한 사연으로 기억에 남아 있다.

강남구 논현동 204번지! 독서실 주인 어르신과의 만남이 1991년의 일이었으니 33년 전의 일이다. 33년이 지난 지금, 그분은 어떻게 지내고 계실까? 연세가 많이 드셨을 텐데, 아직도 두 분 내외의 얼굴과 바쁘게 독서실 건물을 오르락내리락 하시는 어르신의 모습이 눈에 선하다.

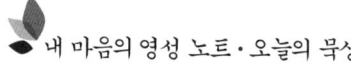
내 마음의 영성 노트·오늘의 묵상글

사탄을 이기겠다는 의지가 있어야 하고, 하느님과 그분의 도움에 대한 믿음을 가져야 하고, 기도의 힘과 주님의 인자에 대한 믿음을 가져야 한다. 그러면 사탄이 우리에게 해를 끼칠 수가 없다.

29

대통령 입후보 출마
자격검증시험

　대통령 입후보 출마 자격검증시험이 있다면, 대통령을 시켜주지도 않겠지만, 내게 하라고 해도 절대 하지 않을 것이다. 왜냐하면, 내가 아는 모든 사람에게 한 자리씩 다 줄 테니까. 그 꼴 보이기 싫어서라도 하지 않을 것이다. 나라꼴이 엉망진창이 될 것 아니겠는가? 모든 공무원은 공무원 채용시험에 합격해야 공무원이 된다. 늘공이라고 한다. 하지만, 선출직 공무원이 있다. 어쩌다 공무원(어공)이라고 한다. 대통령의 임기는 5년이다. 국회의원의 임기는 4년, 국민의 투표로 선출하여 임기 동안은 직무를 맡아서 수행한다.

　대통령과 의원의 기본 자격을 알아보자. 대통령의 나이는 40세 이상이어야 하며, 선거일 기준으로 5년 이상 국내에 거주한 자이어야 한다. 국회의원, 지방자치단체장, 지방의회의원은 25세 이상이어야 하며, 국회의원은 전국구인 만큼 거주 요건상 제한은 없지만 지방자치단체장이나 지방의회 의원은 선거일 기준으로 60일 이상 계속하여 지방자치단체의 관할구역 안에 주민등록이 되어 있어야 한다.

나이와 거주에 관한 제한사항을 충족시키면 기본 자격은 갖춘 것으로 판단하여 후보로 등록할 수 있다. 이를 더 엄격하게 명시하여 기본 자격을 갖춘 자가 후보로 등록하여 무분별한 입후보로 인한 국민의 혼란을 막고, 경쟁력 있는 리더가 선출되어 임기 동안 처먹고 놀지 않고 국가의 미래를 책임지고 이끌어가도록 하자는 취지이다.

(1) 기본소양 검증시험을 본다.
(2) 대통령은 행정부의 수반을 선출하는 직무인 만큼 기본 면장이라도, 읍장이라도 경험해본 자가 출마하도록 해야 한다.
(3) 경험이 없는 신입자라면 공공기관의 장으로, 또는 법인이나 단체의 장으로 일을 한 경험이 있는 자이어야 한다.
(4) 입후보자는 기본 합숙훈련을 하여야 한다. 합숙 후 퇴소 시 시험을 거쳐 일반인에게 결과를 알리도록 한다.
(5) 봉사활동 경험을 갖추도록 한다. 여러 분야에서 고르게 하도록 한다.
(6) 선출된 공무원은 근태관리를 철저히 하고, 출결사항에 문제

가 발생할 경우 즉시 해임이 가능하도록 하여야 한다.

(7) 근무지 이탈을 못하도록 한다. 근무지를 선출직 공무원이 정하지 못하도록 하여야 한다.

(8) 재직 시 모든 비용은 공개하도록 한다. 하다못해 지방순찰 시 떡볶이 사먹은 것까지도 바로바로 즉시 오픈하여 국민들에게 알려주도록 한다.

(9) 기밀사항과 보안사항에 대한 이유로 즉시 오픈을 하지 못할 경우라도 문서기록으로 남기어 퇴임 후 규정을 어겼을 시 100배 보상하도록 하고 연금을 박탈한다.

(10) 공약을 남발하지 못하도록 하고, 이룰 수 없는 공약으로 국민을 현혹시킨 경우에는 퇴임 후 귀향을 보내도록 한다.

리더의 중요성은 두말할 필요 없이 중요하다. 국가의 핸들을 붙잡고 있는 대통령의 자리가 얼마나 중요한 자리인가? 잘 뽑아야 하겠지만, 선택할 대상을 미리 잘 골라 후보로 내어놓도록 하자는 것이다. 열심히 살아가는 국민 모두의 삶이 윤택해지고, 모두가 행복해지길 바라는 마음이다.

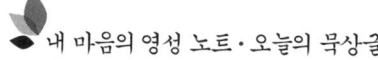
내 마음의 영성 노트·오늘의 묵상글

위대한 사람은 권력 있는 사람이 아니라, 겸손하고 거룩한 사람일 것이다.

30

자전거

　자전거 타는 것을 배운 것은 초등학교 4학년 때쯤이다. 가랑이로 탄다고 한다. 자전거가 커서 올라타지는 못하고 옆으로 안장에 오른손을 얹고, 양발은 페달을 밟고, 왼손은 앞 핸들을 잡고 타는 묘기를 부리는 자전거 타기를 말한다. 예전의 자전거는 뒤에 짐받이가 있었다. 우체부 아저씨의 빨간 자전거도 있었고, 짐받이의 크기가 큰 것은 쌀짝도 싣고 다녔다. 앞뒤 바퀴에 흙이 튀지 않도록 하는 흙막이 차양도 있었고, 신사용 자전거는 아이들을 태울 수 있는 보조의자도 앞 핸들과 안장 사이에 놓아져 있었다. 어린아이를 자전거에 앞뒤로 태우고 달리는 모습은 예삿일로 보았던 것 같다.

　자전거를 처음 배우고 탈 때는 두 바퀴가 쓰러지지 않으며, 균형을 잡고 앞으로 나가는 것이 매우 신기했는데, 그때만 해도 자전거가 교통수단이 되었던 시절이다. 요즘은 교통수단이기보다는 레

저와 스포츠 도구로 사용되는 것이 많고, 취미생활로도 자전거 하이킹을 많이들 한다. 의상도 멋지게 차려입고 말이다.

1994년 서울 사당동에서 논현동까지 출퇴근을 한 적이 있다. 전철, 시내버스, 자전거 셋 중에 그날의 날씨나 도로상황 등을 판단하여 선택해야 한다. 자전거를 타고 출퇴근할 때는 시간은 버스보다 빠르지만 언덕길을 오를 때가 힘이 들고, 자전거 전용도로가 있는 것이 아니어서 차들을 조심해야 하며, 날씨가 흐리거나 비가 오는 날은 이용할 수가 없다. 방배동을 지나 강남성모병원과 제일생명 사거리 언덕을 넘어 논현동 양영학원, 차병원 사거리를 지나면 회사에 도착한다. 물론 출퇴근 시간이 아니라면 버스가 빠르긴 하다. 하지만 차들이 밀리는 러시아워Rush Hour 때는 자전거보다 버스가 시간이 더 걸릴 때가 많았다. 그래서 자전거를 타고 출퇴근을 하였던 기억이 난다. 토요일 오후, 퇴근할 때는 썬글라스도 끼고 자전거를 타며 바람을 가르는 시절이 있었는데……

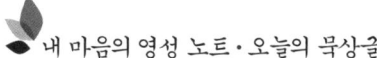
내 마음의 영성 노트·오늘의 묵상글

> 그렇다고 이것이 하느님 쪽에서 사랑이 부족해서 그렇다고 생각할 것이 아니라, 그 거절이 각 사람의 운명을 가장 좋게 준비하는 계획과 일치한다고 생각해야 한다. 그러나 기도는 우리를 해치는 그 많은 것들에 저항해서 성덕의 길에서 떠나지 않게 해주는 평화와 균형을 틀림없이 가져다준다.

31

방범빽도 빽인가?

　신혼 초에 여름휴가를 다녀오기 위해 다마스 차를 빌려 타고 동해안 해수욕장을 다녀왔다. 1995년 여름이었다. 여행을 마치고 차를 갖다주러 갔다가 신호를 위반하였는지 순경에게 제지를 당하고 딱지를 끊으려고 하였으며, 신호 위반이다, 아니다 실랑이가 벌어졌다. 그러다가 아는 친척이 그 지역의 경찰서에 근무한다는 이야기를 들어서 그분의 이름을 대고, 어디 어디 사는 누구누구가 처사촌 오빠라고 알려주었다. 순경 아저씨는 파출소 누군가에게 전화를 하더니 처사촌 오빠가 누구인지를 확인하였던 모양이다. "내가 높은 양반빽이었으면 안 봐주겠는데, 방범빽이어서 봐준다"라며 실랑이를 끝마친 경험이 있다.

　그 뒤로 방범빽은 처사촌 오빠를 지칭하는 별명이 되어버렸다. 방범대에 소속되어 범죄가 일어나지 않도록 주택가나 유흥가를 돌아다니며 살피는 사람을 방범대원이라고 한다. 처사촌 오빠분은 시청에 근무하는 공무원이신데, 봉사단체인 지역방범대에 가입하여 활동하셨던 것이다. 전국의 각 지역마다 자율방범대가 활성화되어 있으며, 지역주민의 안전과 범죄예방을 위한 순찰과 치안활동의 지원에 자율적으로 참여하여 사회에 봉사하고 있는 단체이다.

큰아버지 회갑 잔치 (1970년도)

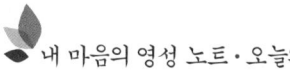
내 마음의 영성 노트·오늘의 묵상글

선이 아닌 것은 아는 것이 무익하기 때문이다.

32

네가 먹으라고 해서
먹는 거다

예전의 시골 인심을 요즈음 찾아보기란 힘들 것이다. 울타리도 없이 이웃집과 맞닿아 살던 시골의 풍경! 식사시간 때에 집 앞이라도 지나갈라치면 한 숟가락 들고 가시라는 인사말은 찾아보기 힘든 풍경이 되었다. 삭막하다기보다 그러한 여건이 된 사회환경이다. 보안 시스템이 출입자들을 통제하고, 호의나 배려는 사라진 지 오래다. 그것이 나쁘다는 게 아니다.

상대에 대한 호의가 되레 악으로 돌아와 예상치 못한 인생의 나락으로 빠져들게 된 미끼가 되는 세상이다. 그러니 누가 호의를 베풀고, 걷기조차 힘들어 보이는 할머니의 짐을 선뜻 들어주어야겠다는 행동을 하겠는가! 하물며 히치하이킹Hitchhiking이나 자동차 카풀Car Pool은 의도나 내용은 좋지만 잘못 엮였다간 꼬이는 처지로 시간 낭비, 돈 낭비, 차라리 아니함만 못한 결과로 모두를 불편하게 만들고, 악연으로 만드는 계기가 될 수 있기에 조심스럽다.

"네가 먹으라고 해서 먹는 거야"라는 표현은 상대의 제의를 내심 기다렸다는 듯, 속으로는 먹고 싶었는데, 먹으라 소리를 안 하니 "나도 좀 주라"라는 소리도 할 수 없고, 자존심을 양보하고 타협하는 시점에서의 적절한 답변일 것이다. "네가 먹으라고 해서 먹는 거야" 마지막 자존심은 지키고 싶은 게다. 먹기 싫은데 억지로 먹는 것처럼 가끔 가족, 친지, 식구들 외식자리에서 아내에게 또는 자녀들에게 "이거 먹으라고 해봐"라는 말을 던지고는 이렇게 말한다. "당신이 먹으라고 해서 먹는 거야"

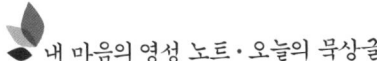
내 마음의 영성 노트 · 오늘의 묵상글

> 내 영은 아버지에게서 영양분을 받는다. 기도와 묵상, 고독이 내게는 물질적인 음식보다 더 필요하다. 영으로 살고 다른 사람들도 같은 생활을 하게 인도하고자 하는 사람은 육체는 뒤로 제치고 육체를 죽이라고 말하고 싶을 정도이다. 모든 정성을 영에 기울여야 한다.

재롱할배의 특기

　1994년 6월 5일, 결혼식 때 화동을 하던 꼬마들이 결혼을 하여 자녀를 낳았으니, 처조카들 덕에 할배소리를 듣게 되었다. 처갓집 형제는 2남 3녀로 5형제이다. 재롱할배는 제일 큰아들인 손윗 처남이 지어준 별명이다. 워낙에 무게 잡는 성격이 아니기도 하고, 집사람이 처가 쪽 형제들 중에서는 막내이기도 하여, 모이면 아내보다 내가 더 막내 대접을 받아 김 서방인 내가 더 막내가 된 듯하다. 유쾌한 실없는 소리, 들으며 속아주는 허풍떠는 소리, 또 들어도 웃음 나는 아재개그, 장모님의 즐거운 말벗으로 처갓집 모임에 김 서방이 빠지면 그야말로 묵언수행이 따로 없을 정도로 적막강산일 것이 분명하다.

　초등학교 때 별명은 '깻묵'이다. 이름에서 유추하여 깻묵이라고 하였다. 어항으로 고기를 잡을 때 된장에 깻묵을 섞어 밑밥으로 쓰는 것이다. '땟목'이라고도 하였으며, 옆집에 살던 친구는 지나갈 때마다 땟목을 줄여서 때~엠, 때~엠 하고 부르며 지나갔다. 그 친구의 별명은 '꼬댕'이었다. 그 골목 끝집 제일 안쪽에 살던 친구는 '까도'였고, 앞집 친구의 별명은 '용가리'였다. 별명만 생각해도 그 골목과 어우러져 별명을 부르며 뛰어놀던 어려서의 개구짐이 묻어난다. 자영업 광택샵을 하면서 가게 이름을 '땀 광택'이라고 정한 것도 별명을 유추하여 지은 것이다. 깻묵 > 땟묵 > 땟목 > 때엠 > 땜 > 땀으로 별명이 상표로 변천되었다. 재롱잔치는 유치원 꼬마들만의 전유물이 아님을 재롱할배는 알고 있다. 어쩌겠는가! 오늘도 재롱을 부릴 수밖에……

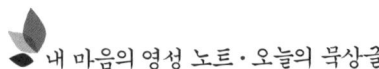
내 마음의 영성 노트 · 오늘의 묵상글

> 주께서 여러분에게 강복하시고 여러분을 지켜주시길 바랍니다. 주님이 당신 얼굴을 여러분에게 보여주시고, 여러분을 불쌍히 여기시기를 바랍니다. 주님의 얼굴이 여러분을 굽어 보시고, 당신의 평화를 여러분에게 주시기를 바랍니다. 주의 이름이 여러분의 마음과 여러분의 집과 여러분의 밭에 있기를 바랍니다.

내 마음의 영성 노트·오늘의 묵상글

하늘의 보호를 네게 끌어오는 자석을 만들도록 힘써라. 그리고 절대로 저주하지 말아라. 저주하는 일은 하느님께 맡겨드려라. 당신의 피조물에게 축복하든가 그들을 저주하는 일은 모든 사람의 주인이신 그분이 하실 일이다.

제3장

명상하는
마음

01

인생에서
무엇을 이루고자 하였는가?

　대학교 1학년 때 학과 친구들과 대화를 하던 중, 만약 재력, 명예, 권력 중에 하나를 취할 수 있다면 무엇을 원하겠는가? 라는 질문을 주고받은 적이 있다. 재력을 택하였고, 경제적인 풍요를 얻고자 했던 것 같다. 돈이면 뭐든 다 할 수 있지 않을까? 물질만능주의에 돈이 없다면 명예든, 권력이든 무슨 소용이 있겠는가? 돈돈돈! 돈이면 다 된다. 봐라, 지금의 이 세상을! 정치, 경제, 사회, 문화 등 모든 게 돈과 연결된 구조로 돈이 안 되면, 이익이 없으면 무엇을 하겠는가? 나라든, 개인이든, 가정이든, 기업이든 먹고사는 문제가 해결되어야 그 다음 명예도, 권력도 필요하다고 본다.

　당신! 인생에서 무엇을 이루고자 하였는가? 인생의 의미를 알 때쯤이면, 인생이 무엇이었냐를 알 때쯤이면, 그것, 인생의 의미를 아는 때가 언제라는 것이냐? 언제 나는 "인생이란 이런 것"이다, 라는 확신을 얻게 되었다는 것이냐! 죽을 목숨으로 살아가는 우리들이다. 돈이 많은 (천문학적으로 많은, 수조 원을 가진 자) 이들, 권력을 얻고 왕의 자리에 있었던 자들, 명예로운 자리에서 부러울 것 없이 존경을 받는 이들, 그들의 인생은 성공한 것일까? 결국 주관적인 판단이 결론일 것이다.

인생에서 무엇을 이루고자 하였는가? 나의 살아온 이야기를 책 한 권에 남기고 죽는 것이 내 소원이다. 말은 쉽다. 누구라도 생각은 할 수 있다. 실천이 어렵고, 결과를 도출하기가 어려운 것이다. 책 한 권을 쓴다. 말은 쉽다. 말하기는 쉽다. 글씨는 쓴다. 글을 쓰기가 어렵다. 글을 쓸 수는 있다. 글을 읽는 독자에게 즐거움과 감동을 주기는 어렵다.

내가 쓴 책 한 권을 통해 누구에게라도 천에 하나, 만에 한 명이라도 내 책을 읽은 독자에게 잔잔한 감동을 줄 수만 있다면 그것으로 족하다. 내가 죽더라도 내 정신은 책 속에 남아 있기를 바라는 심정으로 책 한 권을 남기려 한다. 이것이 이유이고, 목적이고, 목표이다. 늘 생각하며, 자신에게 질문하고, 답하는 것이기도 하지만, 오늘은 이렇게 답하겠다. 인생의 의미는 자연의 이치를 알고, 자연의 순리를 따르며, 결국 자연으로 돌아간다는 진리를 깨달아 마음의 평화를 얻는 것이다. 자연이 곧 나이고, 내가 곧 자연이기 때문이다. 오늘 새해 첫날, 기쁘고 행복한 날!

02

일을 한다는 것

　경제활동을 하고 돈을 번다는 것은 우리가 살아가면서 꼭 해야 하는 생존의 문제일 것이다. 며칠 전 TV에서 어느 노교수님께서 하시는 말씀 중에 "건강과 행복의 비결은 일이다"라는 말씀을 하셔서 공감하며 들었다. 그렇다. 일은 곧 건강과 행복의 시작이며 끝이다. 물론 일이 건강을 해칠 정도라면 고려해볼 필요가 있겠지만, 여기서 말하는 일이란 정년을 마치고 은퇴한 장년, 노년의 시간을 어떻게 지내느냐에 따라 정신건강과 육체적인 건강을 유지하고, 지속할 수 있고, 일상의 삶속에서 일을 하며 지내는 하루하루의 생활이 의미 있고 보람되기에 은퇴 이후(직장을 은퇴한 50~60대)의 빈둥빈둥 지루하고 무료한 시간을 보내는 것보다는 낫기 때문에 보람된 일을 하며 시간을 보내야 한다는 뜻일 것이다.

　직업에는 귀천이 없다고 한다. 하지만, 우리들의 머릿속에는 직업에 따라 사람을 바라보는 선입견이 있다. 수많은 직업 중 전문직에 종사하기 위해서는 두뇌가 뒷받침해줘야 하기 때문에 더더욱 공부하고, 머리 좋은 사람들이 전문직을 많이 택하고 있고, 택하기 위해 어려운 경쟁을 뚫고 합격하기 위해 공부한다. 정신노동이 아닌 육체노동을 하는 이들은 상대적으로 학업보다는 몸으로 하는 경쟁을 하다 보니 두뇌보다는 체력과 손재주의 경쟁을 한다. 화이트칼라와 블루칼라로 구별하는 경우도 있고, 정신노동과 육체노동을 동반하는 직업도 있겠지만 요즘은 힘든 일을 컴퓨터와 기계가 대신하기도 한다.

직업의 귀천을 따지는 일보다는 일을 하는 당사자가 자기 일에 대한 만족도와 적성을 고려하여 선택하고, 일을 하며 경제적인 안정을 얻고, 내가 행복한 삶을 영위해 나간다면 귀천을 따진다는 것은 의미가 없을 것이다. 우리 모두가 천직이라 생각하는 그 일을 통해 행복을 만끽하길 기대해본다. 일을 한다는 것이 얼마나 행복한 일인데, "놀면 뭐해? 일을 해야지" 여태, 그걸 모르고 살았네~

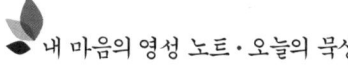
내 마음의 영성 노트 · 오늘의 묵상글

> 내가 너희들에게 가지지 말라고 하는 것은 하늘에 대한 거룩한 갈망이 아니라, 너희들의 성덕이 알려지기를 바라는 인간적인 욕망이다.

03

1 + 1은 2다

　하나 더하기 하나는 둘이다, 라고 생각하며 사는 사람은 인생 절대 괴롭지 않다. 성실하게 사는 사람이 제일 행복한 사람이다. 이 평범한 자연의 진리를 거슬러 1 더하기 1은 2가 아니고 3이 되길 바라고, 4가 되길 바라며, 심지어 무한대로 내게 돌아오길 바라고, 기대하며 살아왔던 자신이었다.

　얼마나 한심하고, 고달픈, 피곤한 정신상태를 소유하고 살아왔는지, 인생의 귀중한 시간들을 허비하며 지내왔는지, 그러한 잘못된 기대치를 버리지 못하고 입으로는 욕심을 버리자고 하면서도, 마음으로는 더 많은 것을 얻고자 하고, 자기 가진 것에 만족하지 못하는 태도와 습관은 언제쯤 올바르게 바꾸어질지 걱정이 아닐 수 없었던 지난날들, 모든 것을 누리고 즐기려 하지 말고, 근검절약을 생활화하여 채우려 하지 않고, 비우고, 또 비워서 정신과 육신을 가볍고 맑고 밝고 선명하고 깨끗하게 만들어 자신을 수양하고, 마음가짐을 올바르게 단련해 나아가는 지금이다.

자기 자신의 처지와 분수를 알고, 내면을 들여다볼 수 있어야 하며, 그러기 위해선 올바르게 사고하고, 올바르게 인식하는 습관이 필요할 것이다. 마음을 이끌고 다듬는, 다듬어주는 어떤 도구, 마음을 수련하는 도구, 마음을 다듬는 연장, 그러한 도구와 연장은 자기 자신이 스스로에게 주입시키고, 먹어줘야 하는, 먹여주는 일종의 양식인 것이다.

그렇다, 마음의 양식! 몸을 유지하고 육신의 건강을 지키기 위해서는 음식을 섭취한다. 그렇다면 육신에 좋은, 몸에 좋다는 것들은 실컷 먹이면서 왜? (자신에게 너무 잘 먹여서 탈이지만) 정신에는 무엇을 먹였는지, 알아서 먹었는지 보이지 않으니 무엇이 좋은지, 나쁜지 분별을 할 수도 없고 어떻게 하라는 것인가? 육신의 양식은 형체가 있지만, 영혼의 양식은 형체가 없는 정신적인 것들, 이를테면, 감정, 이성(사고하는 생각), 지식, 배움, 느낌(느낀다는 것들), 생각하는 것, 묵상, 명상 등 보이는 것들을 인식하는 지적 · 영적 수준에 따라 받아들이는 차이가 있겠지만, 내면의 자아를 정신이라 할 수 있을 것이다.

몸이 자라듯, 정신도 성장시켜야 한다. 어떻게 성장시킬까? 말

(말씀)은 정신이다. 좋은 말을 들으면 정신에 좋다. 좋은 음식이 몸에 좋듯, 좋은 말은 정신에 좋다. 글(문장)은 정신이다. 좋은 글을 읽고, 쓰고, 보아라. 정신에 좋다. 마음이 정화될 것이다. 성장할 것이다. 1 + 1은 2다. 이게 정답이다.

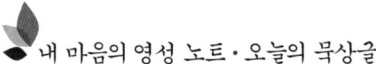
내 마음의 영성 노트・오늘의 묵상글

> 영혼들의 거룩한 침묵, 하느님의 말씀은 하느님의 뜻에 맞는 사람들밖에는 받지 못하는데, 그것은 이런 사람들이 하느님을 충실히 섬기고 하느님으로 가득 차 있기 때문이다.

04

그대 무엇을 동경하는가?

　세상은 변해간다. 고려시대나 조선시대에 갓 쓰고 상투 매던 농경사회 중심의 불교, 유교 사상이 지배하던 계급사회의 양반과 상놈이라는 계층, 계급에 따라 태어날 때부터, 누구는 도련님이 되고, 누구는 상놈의 자식으로 그저 양반집 머슴살이로 살아가야 할 운명이 되었다. 그것도 평생을, 출세의 한계가 주어졌던, 수 세기 전 우리나라 사회환경의 모습이다. 의식주뿐만 아니라 정치, 경제, 사회, 문화, 종교 등 모든 분야에서 변화한 것들은, 헤아릴 수 없을 만큼 많다.

　당장 어렸을 적 지내오고 살아왔던 시대의 주거환경이 변화되었고, 발전한 모습을 보면, 초가집과 기와집에서, 2층 양옥집, 그리고 아파트, 원룸이 즐비한 2024년의 오늘, 과거와 미래가 공존한다. 그에 따라 가치관과 인생관, 결혼관도 변화하고, 상상하지 못한 세대의 소용돌이 속에 적응하지 못하면 도태될 듯하여, 사고방식을 이해하고 맞추느라 무척이나 고생하고 있다. 다문화 가족, 성소수자에 대한 권리, 핵가족화된 1인 가구 1인 세대, 결혼을 해도 출산을 하지 않는 현실이 수긍이 갈 듯 말 듯 아리송할 뿐이다.

그대, 무엇을 동경하였는가? 탤런트, 영화배우, 유명가수, 운동선수 등 다양하게 대중의 이목을 끄는 스타들이 있다. 음악을 좋아한다거나 영화나 스포츠를 좋아하면 해당 분야의 스타를 좋아하고 따라 하게 되어 자신의 진로를 선택할 때 영향을 미치는 경우가 있다. 스타를 짝사랑하듯 자신의 삶에 긍정의 에너지로 작용하여 학업이나, 생활의 활력소로 역할을 하도록 동경하는 마음을 컨트롤한다면 얼마나 좋은 일이겠는가?

어린 자녀가 이 다음에 커서 어른이 되면 엄마나 아빠랑 결혼할 거야, 라고 말하는 것처럼 일종의 어떤 과정인 듯하다. 사랑의 대상이 가까운 부모에서 주변의 친구들로, 그리고 매스컴이나 미디어에 등장하는 연예스타로, 그러다가 환상은 사라지고 현실을 직시하여 깨닫게 되는 것처럼 말이다.

어떤 그 무엇을 동경하고 그것에 심취하여, 그 동경을(이루고자 하는 자신의 꿈을) 이룰 수 있도록 행동하고 실천하는 노력이 비록 이룰 수 없었던 꿈이었다 하더라도 동경하는 마음을 간직한 때에는 행복해할 수 있지 않았겠는가!

그대 무엇을 동경하는가? 인생의 단맛, 쓴맛 다 봤다. 너도 나도 생로병사, 희로애락, 우리 모두의 삶이 그렇다. 같은 시대에 같은 것을 보고 듣고 자랐으니 달라봤자 얼마나 다를까마는, 그 조금의 인식 차이가 음이 되고, 양이 되어 대립한다. 지금 이 순간이 제일 행복하다. 아직도 성공을 꿈꾸지만, 내가 생각하는 성공은 멋모르고 우쭐대던 청춘시절, 화려한 입신양명이나 권세를 얻고 사회적인 출세를 원하는, 남 보기에 좋은, 부모님이 바라고 원하는 것! "훌륭한 사람이 되어야 해"라는 남에게 보이는 식의 성공은 아니다. 그저 소박하고 아주 소박한 것이다.

내가 동경하는 것은 "지금의 나이다" 생각하고, 망상하고, 사색하고, 공상하고, 자유롭게 상상의 나래를 펴며 하루종일 누구의 간섭도 받지 않고 구속도, 시간의 얽매임도 없는, 자유로운 시간을 가질 수 있는 지금, 여기 있는 나 자신, 나는 그러한 나를 동경한다. 그대, 무엇을 동경하는가?

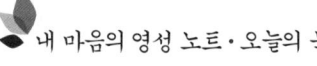
내 마음의 영성 노트·오늘의 묵상글
거룩하게 자비를 가지는 기쁨

05

태도와 자세는 어떠한가?

　너의 인생과 너 자신의 삶을 대하는 태도, 자세, 입장, 표정, 몸짓을 뜻한다. 속마음을 드러내는 것이다. 오만하게 얌전하게 복종하든지, 대들든지, 건방지다든지 등 상대방의 태도에 대한 반응들이다. 태도가 왜 그러냐고 야단을 치는 것은 대부분 윗분들이 아랫사람에게 타이르듯 지적하는 것이겠다. 아랫사람이 윗분에 태도를 표현하고 논하는 것은 보기 드문 현상이다.

　상대가 누구이냐에 따라, 무엇이냐에 따라 그에 대한 자신의 태도는 다를 것이다. 어려운 분, 어려운 일, 조심해야 할 곳, 행동을 주의해야 할 곳 등 편한 분위기, 편한 상대에게는 자신의 행동과 태도도 자연스럽고 편하게 행동할 것이고, 어려운 상대이거나, 시험을 보는 면접장이라면 자신의 태도는 최대한의 예의를 지키려 할 것이다.

그렇다면, 우리가 자기 자신의 인생을 대하는 태도는 어떠한가? 내 삶을 대하는 태도, 내 인생을 대하는 태도, 내가 하는 일을 대하는 태도, 케세라세라(될 대로 되라)인가? 인생은 복불복이 아니다. 꼴점을 쳐서 살아갈 인생이 아닌 것이다. 스스로 쟁취하고 싸워 이겨서 얻어낼 과실인 것이다. 그것은 자신만이 할 수 있고, 자신 속 나쁜 친구들과의 싸움에서 이겨내야 하는 의지인 것이다.

너는 성공을 위해 행하는, 네가 하는 모든 일에, 너는 준비하고, 실천하고, 노력하여 성공을 쟁취하고 획득하여야 한다. 네가 하는 모든 일과 모든 시간에 성실한 태도를 취해야 한다. 시간을 낭비하여 훗날 후회하지 말고, 지금 당장, 성공한 이들에게서 성공을 하기 위한 태도와 자세를 배우고 익혀라.

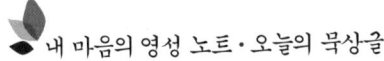
내 마음의 영성 노트・오늘의 묵상글

> 무미건조함, 서두름, 근심, 일 따위도 기도를 방해하지 못하는 것들이었고, 오히려 기도를 도왔다.

06

Happy Ending (엔딩이 중요해~)

"Happy Ending 이야기의 주인공은 너 자신이어야 해요" 모든 이야기의 끝은 주인공이 미션을 완수하고, 고난과 역경을 이겨내고, 자수성가를 하든, 큰 기업으로 성장하든 어려운 과정을 겪어 결국은, 행복한 결말을 맺는 것으로 결론이 나야 한다. 그래야 독자나 시청자 또는 제3자의 마음이 후련해지고, 그의 성공이 나의 성공처럼 느껴져서 쾌감을 느낄 것이다. 성공한 자의 과거는 비참할수록 아름답다고 했다. 눈물 젖은 빵을 먹어본 자가 아니면 인생을 논하지 말라고도 하였다. 이렇듯 어려움을 딛고 성취한 행복의 열매는 더욱 달콤할 것이기 때문이다.

자신의 목표를 이루기 위해 많은 노력을 한다. 생애의 모든 주기! 영유아기, 아동청소년기, 성년기, 중년기, 노년기까지 "부모님께 용돈 타서 쓸 때가 좋은 거야"라고 하지만, 어디 그런가? 빨리 독립하여 부모의 간섭으로부터 벗어나려고 하지만, 세상이 호락호락하지 않고, 모든 것이 내 맘 같지 않음을 느끼고 깨닫는 데는, 그리 오랜 시간이 걸리지 않았을 것이다. 태어나서 성장하고 생애 최고의 시기를 거쳐, 결국 다음 세대에 모든 걸 건네주고 가져갈 것 하나 없이 빈손으로 돌아가는 게 우리네 인생이다.

해피엔딩으로 끝을 장식해야 한다. 지금의 상황이 어렵고 힘들더라도 이겨내야 한다. 그것을 이루는 주체는 자기 자신이다. 스스로의 의지와 결심이 중요하다. 누가 대신해줄 것도 아니다. 자녀나 부모가 나의 해피엔딩에 박수는 쳐주겠지만, 기대고 의지할 수는 없는 것이다. 내 인생 내가 개척한다. 오히려 가족에게 짐이 되어서야 쓰겠는가? 자식 농사 잘 지어 자식 덕을 보겠다는 부모는 요즘 없다. 자식이 부모 농사 잘 지어 부모의 덕은 보겠지만, 부모에 의존도만 높일 뿐, 상황이 여의치 않은 게 현실이다. 물질적인 게 풍요로운 이는 풍요로워서 걱정, 부족한 이는 너무 없어서 걱정! 하루하루 벌어야 먹고사는 인생에 무엇을 기대하겠는가? 그렇다고 해도 자신의 처지를 비관할 필요는 없다. 왜냐하면 결국 이러한 난관을 모두 헤치고 해피엔딩이 될 것이니까.

멘탈관리, 마인드 컨트롤을 잘하여, 의욕이 꺾이지 않도록 하자. 자수성가한 모든 이의 역경을 딛고 일어선 사례를 우리는 얼마든지 보았지 않았는가? 그 주인공이 나 자신이 될 것이기 때문이다. 이제 당신 차례이다. "그렇게 해서 주인공은 행복하게 잘 살 았답니다"라고 하는 이야기의 주인공은 너 자신이어야 한다.

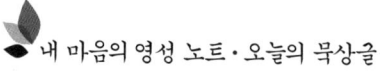
내 마음의 영성 노트 · 오늘의 묵상글

> 남편에 대한 친절, 동정, 애정 넘치는 배려, 위로 따위의 모든 것인 이 사랑을 가지지 않은 여자들의 잘못으로 너무나 많은 결혼이 파경에 이른다.

07

쓰는 언어에 사람 속이 보인다

언어, 말, 글을 표현하지 않고 사는 사람이 있을까? 몸짓이든, 말이든, 글이든 자신의 의사를 외부에 밝힌다. 의사 표현을 한다. 말을 한다는 것! 언어를 사용한다는 것! 아이가 태어나 처음 배우는 단어는 아마도 맘마, 빠빠, 엄마, 아빠 이러한 단어들이 아닐까? 어휘력이라고 한다. 언어를 습득하고 표현하는 과정에서 나타나는 이해력과 단어 선택의 차이일 텐데, 적절한 단어로 표현할 줄 알아야 한다.

전문용어는 일반인이 잘 알아듣지 못한다. 목수가 연장을 잘 다루듯, 단어와 글을 잘 다루는 사람을 언변술사라고 한다. 어떤 한 분야의 끝없는 훈련과 배움을 통해 도달하는 경지의 능력자들을 우리는 달인이라고도 하고, 전문가라고도 한다.

언어는 인간이 만든 도구 중 인류의 문명 발달에 기여한 가장 큰 발명품이라 말할 수 있을 것이다. 의사소통의 도구로, 표현의 도구로 남기고 기록하여 이어져 내려가도록 하여, 어제보다는 나은 오늘, 오늘보다는 더 성장하고 발전하는 내일이 되어야 하기 때문에 자손에게 물려주고, 조상의 지혜들을 물려받는 것이다. (단어로 기록한 자료들로)

지구에 거주하는 동물(인간 포함)들은 서로의 동료들에게 주고받는 표현 도구인 소리가 있다. 간단하고 명료하다. 복잡할수록 진화된 동물로 보인다. 강아지는 멍멍, 고양이는 야옹, 닭, 소, 여우 (우는 소리가 연상된다) 동물의 울음소리, 이것들도 기분이 좋을 때와 싸울 때는, 이상하고 해괴망측한 소리를 내기도 한다. 듣는 우리가 무섭다. 애들(개나 고양이)뿐만 아니라 모든 동물들도 똑같을 것이다.

말을 잘하는 것! 자신의 의사 표현을 잘한다는 것은 어떤 것일까? 방송에서 하는 다양한 프로그램들이 있지만, 가끔 시사토론을 즐겨보던 시절(과거 전두환, 노태우 때)이 있었다. 토론 주제에 대해 참여한 패널분들이 하는 각자의 주장을 듣고 있으면, 말을 기가 막히게 잘한다. 어쩜 저렇게 말을 잘하나! 부러운 지경에 감탄을 자아내게 한다.

그래서일까? 아니면 나의 자만이고 교만일까? 다른 이들도 같은 생각일까? 몇 마디 나눠보고 지껄이는 (표현이 그러하지만) 단어들과 몸짓 등 태도를 쫘~악 스캔하면 감이 잡힌다. 고급 진지, 경박한지, 진실인지, 거짓인지 상대의 속성이 비친다. 말에서, 언어에서 상대를 바라보고 판별하는 것처럼 상대도 나를 바라보고 판단할 것이다.

각자의 지적 수준에서 서로를 판별하는 것이다. 돼지의 눈으로 보는 세상, 왕의 눈으로 보는 세상이 같을 수 있겠는가? 내 눈으로 나의 입장에서 상대를 볼 것이다. 중요한 것은 같은 부류(수준이 비슷한)는 통한다는 것이다. 유유상종이라 하지 않았던가? 개는 개끼리, 고양이는 고양이끼리 그게 서로에게 편할 것이다. 가지지 못한 서로의 것을 부러워할 수는 있겠지만, 내가 가진 것에 만족하는 것이 행복의 출발점이라고 한다면, 상대가 바라보는 것에 너무 의식할 필요는 없을 것이다.

뱁새가 황새 따라가다 가랑이가 찢어진다고 자신의 본 모습, 자기 자신이 알고 있는 자신의 성향과 취향이 있을 텐데, 그것을 가리고 숨기어 몸에 맞지 않는 옷을 굳이 걸쳐 입을 필요가 있을까? 불편하게?

내가 나답게, 내가 쓰는 언어에 내 속이 나타난다. 그게 나다,

이게 나다, 라고 인정하는 것! 나는 나를 안다. 너는 너를 알고 있나? 나쁜 언어 습관은 고치려 하겠지만, 그게 어디 하루아침에 될 일인가? 본심은 전달될 것이다. 표현력이 부족해서 그렇지 말하는 언어에 사람 속이 보인다. 그래서, 글을 쓰는 것이 속을 보여줘야 하기에 부끄러운 일인가 보다. 생각과 마음을 표현한 글 속에 내 속이 있기 때문이다.

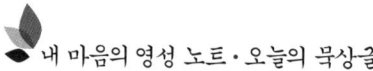 내 마음의 영성 노트 · 오늘의 묵상글

> 깨끗하게 사시오. 우선 육체적으로 깨끗해지도록 하고, 그 다음에는 영까지 깨끗하게 되도록 하시오.

08

살기 위해 먹는가!
아니면 먹기 위해 사는가!

우스갯소리로 들리겠지만, 생각해보고, 먹는 행위와 살아가는 행위, 산다는 것 자체에 대해 진지하게 자신에게 질문을 던져보는 것도 나쁘지 않을 것이다. 먹는 것은 하루도 빼놓을 수 없는 행위이다. 영양을 보충하지 않고서는 육신을 지탱할 수는 없을 것이고, 생명은 멈추고 죽을 것이기 때문이다.

벌어먹고 산다는 것! 경제활동을 통해 재화를 얻고 의식주를 해결하는 것! 태초의 인류에서부터 지금 오늘을 살아가는 인류에 이르기까지 먹고 살아가는 문제는 인간뿐 아니라 생명체 모두에게는 본능이며 자연의 순리일 것이다. 생로병사生老病死의 자연의 수레바퀴에 끼여 살아가는 우리들은 동물의 세계에서나 보게 되는 치열한 사투의 생존경쟁에 내몰리고 있지는 않은지 잠시 눈을 감고 생각해보아야 할 것이다.

살기 위해 먹는가? 아니면 먹기 위해 사는가? 개인은 경쟁에서 뒤처지지 않으려, 자기계발이나 더 좋은 일터에서 일하려 스펙을 쌓기도 하고, 기업은 새로운 먹거리인 블루오션을 찾아 성장동력을 얻으려 한다. 개인이나 기업이나 지난 과거에 안주하려 하지 않고 발전을 모색하여야 도태되지 않고 살아남는 세상이다.

자신들의 이익만을 취하기 위해 한 치의 양보도 하지 않는 이익집단의 아귀다툼하는 현실 속에서, 자영업자로 살아남기란 매일매일이 치열한 전쟁터임에 틀림없다. 약육강식의 밀림 속 현실에서, 나 자신은 어떻게 살아가야 할까? 무엇을 하며 벌어먹고 살아가야 할까? 유토피아의 세상은 언제나 가능할까? 오늘도 살기 위해 먹고, 더 잘 먹기 위해 살아간다.

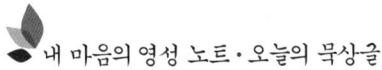
내 마음의 영성 노트·오늘의 묵상글

내가 너희를 선택하였지, 너희가 나를 선택한 것이 아니다.
"너는 나와 같이 가겠느냐?" 하는 말을 듣는 것이 가장 아름다운 사랑의 증거가 아니겠느냐?

09

유토피아 세상을 꿈꾸며

모두가 행복한 세상을 만드는 방법은 무엇일까? 사람의 지능은 옛날 사람들보다 현재의 사람들이 뛰어나다고 볼 수 있겠다. 과거의 인류보다 현재를 사는 사람들이 진화하고, 학습하고, 개선되었기 때문이다. 물론 과거와 현재의 사는 사람을 동시대에서 검사를 한다면 경우에 따라서는 달라지기도 하겠지만 보편적으로 지능은 나아졌다고 보는 편이 좋을 것이다. 왜 유토피아를 이야기하면서 지능을 이야기할까? 유토피아는 정신적인 영향이 크기 때문이다. 자기 스스로 자기최면을 걸어 나는 행복하다, 나는 행복하다를 반복적으로 자신에게 되새긴다면 효과가 있을 것이기 때문이다.

대학교 1학년 때 성당에서 교리교사를 할 때의 일이다. 신부님을 모시고 함께 식당(중국집)에서 식사를 다 하고 사담을 나눌 때 질문이 있다며 신부님께 여쭤받던 질문이다. "세상이 행복해지려면 어떻게 해야 하나요?" 신부님의 말씀은 "모두 다 죽어야 해. 어린이가 아닌 나이의 사람들이 모두 죽어야 해"라는 것이다. 우리 모두는 함박웃음으로 화답하고 모임을 마친 기억이 난다.

그리고 40여 년의 세상을 살아오면서 그때의 그 문답을 가끔은 생각하며 웃음 짓고, 행복한 세상에 대한 질문을 스스로에게 하곤 하였다. 결국 내가 행복해야 가정이 행복하고, 가정이 행복해야 세상이 행복한 이치다. 행복에 질량 불변의 법칙은 적용되지 않는다. 어떻게 해야 행복한가? 내가 행복해지고, 가정이, 사회가 행복해지려면 어떻게 해야 할까? 사회악, 공공의 적이 사라져야 하나? 어떻게 사라지게 만들지? 매일 웃으면 행복해질까? 매일 건강해지도록 운동하면 행복해질까? 신부님의 말씀처럼 모두가 죽으면 행복한 세상이 올까? 행복하게 만드는 가치관을 각자가 가지고 살면 될 것이다.

행복한 가치관! 나만 잘 사는 게 아닌 모두 함께 살아가는 공동체 의식 속에서 남을 이용하고, 나만 살면 되고, 나만 아니면 된다는 예능 오락프로그램의 의도된 골탕먹임을 보면 웃을 수밖에 없는, 그것이 예능이기에 망정이지 웃픈(웃기는데 슬픈) 현실 속에서는 행복한 세상을 꿈꾸기는 힘들 것이다. 건전하고 올바른 웃음과 행복을 바라는 올바른 가치관의 정립이 유토피아의 세상을 만드는 한 방편일 것이다. 모두가 행복한 세상이 되길 소망해본다.

10

빛 좋은 개살구

'빛 좋은 개살구'란 겉만 번지르르하고 그에 맞는 알찬 내용이나 실속이 없음을 이르는 말이다. 여기서 '개살구'란 개살구나무과의 열매로 살구보다 떫어 맛이 없는 과일이다. 대학교 다닐 때의 일이다. 같은 과 친구의 친한 친구를 학교에서 만났는데, 그 친구가 군복을 입고 학교에 온 것이다. 수방사 현역 군인이었다. 수방사(수도방위사령부)를 기억하는 이유는 장태완, 노태우가 사령관으로 근무하였으며, 1979년 12.12사태의 핵심 역할을 하였기 때문에 기억한다.

수방사의 멋진 군복을 입고 대학교 교정에 온 것이다. 곧 병역의 의무를 이행할 20대 초반의 젊은 청년들의 눈에 들어온 예쁜 군복! 막연하게 아름다운 군 생활을 기대하며 휴가 때 입고 나온 그 친구! 편안한 군 생활을 연상시키는 화려한 군복은 멋진 사나

이로 보이게 만든 충분한 이유가 있었던 것이다. 그러면서 칭찬을 쏟아낸다. 하지만 휴가를 나온 그 친구의 한마디는 "빛 좋은 개살구여~" 그 이후 '개살구'는 그 친구를 지칭하는 별명이 되어버리고 말았다.

지금까지 우리 각자는 얼마나 많은 개살구 역할을 하면서 살아왔는가? 아니 살고 있는가? 남의 눈치와 시선을 의식한 외향 만들고 가꾸기라든지, 속마음은 숨기고 겉으로는 웃는 이중적인 모습이라든지, 어쩔 수 없이 본인의 감정을 숨겨야만 하는 상황에서의 자신의 행동이라든지, 이러한 것들이 '개살구'의 모습은 아니었는가? 자신의 실속은 챙기지도 못하면서 겉치레와 체면치레에 허세를 부리는 것은 그다지 좋은 일은 아닐 것으로 생각된다.

그렇다 하더라도, 개살구의 번드르르한 겉모습의 표현이 모두 잘못되었거나 부정적으로만 비치지는 않았을 것이다. 그렇게 겉이 번드르르하게 만들어진 개살구도 생존을 위한 겉표현이었다고 볼 수 있을 것이기 때문이다. 개살구! 한순간이라도 개살구로 멋지게 살아보자.

 내 마음의 영성 노트·오늘의 묵상글

> 아주 조그만 고생도 하지 않고 물질적으로 편한 생활, 순탄하고 행복한 생활을 갈망하는 그저 쓸만한 신자들이 많다.

11

진흙 속에 핀 저 연꽃은
곱기도 하지

서울서 직장생활을 할 때였다. 사회 초년생으로 낯선 곳 서울은 시골의 여유로운, 한적한 분위기와는 사뭇 다른, 기계 속의 부속품처럼 저절로 움직이는, 자동으로 움직이는 기계처럼, 나 자신을 돌아볼 여유가 없이 분주히 움직이는 곳이 서울이었고, 서울에서의 생활이었다.

그러던 어느 날, 한 통의 엽서가 회사로 날아왔으며 엽서에 적힌 글귀였다. 형님 신부님이 보내준 엽서였다. 연꽃 그림과 함께 적힌 글귀다. '진흙 속에 핀 저 연꽃은 곱기도 하지, 세상이 다 흐려도 제 살 탓이네' 많은 생각을 하도록 하는, 잊히지 않는 글귀였다. 어찌 세상에 안주하며 살아가겠는가? 독야청청 푸른 소나무가 되어 살아가야지.

고향 성당의 한 해 선배 신부님이시다. 광주신학대학을 졸업하

제3장 명상하는 마음 • 239

시고, 지금은 청주교구 소속으로 교구에서 사목활동을 하고 계시는 신부님으로, 어느 곳이든 신부님이 필요한 곳에서 활약하신다. 어려서 함께 성당의 소년회를 하였으며, 복사회도 하였고, 내가 성당을 나가지 않을 때에는 우리 집으로도 찾아오셔서 성당엘 나오라고 권하기도 하였었다.

지금은 연락도 뜸하고 자주 뵙지 못하는 사이가 되었지만, 사제의 길을 걸어가심에 있어서 마음으로 응원하며 그 뜻을 항상 지지하고 있다. 신부님의 삶은 종교인으로서, 가톨릭 사제로서 현실 참여에 적극적이시었다. 사회의 약자를 위해 살아오셨고, 그들과 함께 약자의 편에서 항상 그들의 권익을 위해 사회운동가처럼 활동하시었고, 앞장서서 그들을 대변해주었다. 또한 이용당한다 할지라도 약자의 편에서 항상 서 계셨다. 그래서 항상 존경하는 마음이다.

형님 신부님! 이제 우리도 육십을 지나가는 나이가 되었어요. 세월의 흐름에는 어쩔 수 없나 봅니다. 초평 냇가에서 슬레이트 함석판에 삼겹살 구워 먹던 때도 생각나고, 계룡산 동학사에서 갑사로 넘어갈 때 야영하던 때, 군 생활하며 주고받던 편지 등 수많은 기억들이 스쳐 지나갑니다. 신부님! 영육 간에 항상 건강하시고, 늘 주님과 성모님 품안에서 기쁨과 사랑과 평화가 가득하시길 바랍니다.

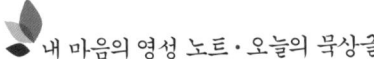
내 마음의 영성 노트·오늘의 묵상글

> 인류는 구세주에 대한 사상을 왜곡하여 구세주의 초자연적인 왕권을 인간적인 주권이라는 보잘것없는 사상으로 전락시켰다.

12

해바라기

　1978년의 중학교 교실은 한 반 인원이 60명 정도 되었다. 한 학년이 8개 반으로 남중학교로 요즘처럼 남녀공학은 그 당시 꿈도 못 꾸었으며, 교복을 입어야 했고, 시골 동네의 외곽에 학교가 있어서 자전거로 통학하는 학생이 전교생의 반 이상이었기에 운동장의 울타리 안쪽으로는 자전거 전용주차장이 빙 둘러 있어서, 그곳에는 자전거로 꽉 차는 진풍경이 벌어진다.

　시골학교여서 농업을 배웠으며, 학교 교실 뒤쪽으로는 농장처럼 갖추어진 화단이 있었고, 그곳에는 많은 화초와 꽃나무가 재배되고 있었다. 그리고 학교 내의 유일한 매점이 한 곳 있었는데 점심시간이면 학생들로 꽉 차서 발 디딜 틈도 없을 정도였다. 라면, 빵 종류의 간식거리들을 주로 팔았다. 수업을 다 마치면 청소시간이다. 내가 맡은 청소구역은 농장의 화단구역이었으며, 그곳에 떨어진 오물들을 주워 깨끗하게 하는 것이었다.

그러던 어느 날 청소하러 화단의 구역에 갔더니 여러 개 심어진 해바라기 중 한 녀석이 허리가 꺾여 머리가 땅바닥에 고꾸라져 있는 것이었다. 그것을 보고 곧바로 주변에서 비닐봉지를 주워 허리를 똑바로 세우고 튼튼하게 동여매 주었다. 쓰러지지 않게 서 있게 되는 것을 확인하고 그 자리를 나와 교실로 돌아왔다. 그렇게 며칠이 지나고 해바라기를 잊고 있었을 무렵 해바라기를 확인하게 되었는데, 비닐로 동여매 준 부러졌던 허리 부분이 볼록하게 튀어나와 탄탄해졌으며, 다른 해바라기처럼 충실하게 자라 있게 된 것을 목격하게 되었다.

그때 당시 중학생의 어린 나이에 느꼈을 감정을 생각해보았는가? 자연에 존재하는 모든 생명은 지켜지고 보존되어져야 할 가치가 있는 것이다. 그것을 인간이 파괴하고 있다면 인류의 생존도 자연재앙에 노출되는 순간이 올 것이다. 인간은 자연을 보호하고 지키며 후세에까지 이용하도록 남겨주어야 할 의무가 있다.

지금은 2024년! 40여 년의 세월이 흐른 오늘이다. 바다에 버려진 플라스틱 쓰레기들을 물고기들이 먹이로 알고 흡입을 하여 죽게 되었고, 죽어가고 있다는 기사를 보았다. 지구온난화로 인해 빙하가 녹기 시작하여 북극곰의 삶의 터전이 무너져 가고 있으며,

생존이 어려워 멸종할지도 모른다는 기사들도 종종 보게 된다. 왜 이런 지경에까지 온 것일까? 바다는 온통 쓰레기 투성이다. 산업화에 따른 반대급부가 부른 것일 테다. 어찌할 수도 없는 일이다. 어떻게 해야 병들어가고 있는 지구를 고쳐줄 수 있을까?

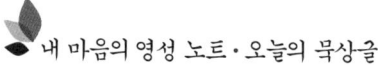
내 마음의 영성 노트·오늘의 묵상글

> 진실하여라. 길고 걸으로 드러나는 기도로 하느님을 속일 수 있다고 생각하느냐? 오! 가련한 아들들! 하느님께서는 마음을 보신다.

13

신데렐라 효과Effect

　신데렐라 효과Effect란 신데렐라가 요정의 도움을 받아 옷과 보석마차를 얻어 타고 무도회에 참석하였던 것처럼, 우리네 일상의 삶에서 이벤트가 필요한 어느 한순간은 자신을 화려하게 돋보이도록 치장하고, 심지어 변장을 넘어 연예인 스타들을 뛰어 넘어가는 코디네이션(몸에 걸치는 옷, 신발, 장신구나 화장 등을 전체적으로 조화롭고 아름답게 꾸미는 일)을 할 필요가 있다는 생각이다.

　이벤트가 필요한 날은 언제일까? 중요한 모임이나 미팅이 있다든가, 친지들의 결혼식날이라든가, 아니면 무료한 일상에서 자신이 정한 어느 날에 특별한 자신만의 이벤트날을 정하여 깨끗하고, 단정하고, 화려하고, 아름답게 자신을 포장하여 세상에 내보여 주는 것이다. 자기 자신의 평범한 일상을 값진 퍼포먼스로 생활의 활력을 주는 것은 어떻겠는가? 마치 신데렐라가 죽어라 하녀처럼 일만 하다가, 무도회에 허름한 복장을 하고 갈 수가 없으니, 마차와 옷과 장신구가 필요했던 것처럼 한 번의 변신을 시도해보라는 것이다. 물론 요정의 도움을 받기는 하였지만, 현실에서는 요정도 마차도 화려한 장신구나 옷도 없다.

그렇다 하더라도 한순간의 짧은 자신만의 이벤트에 필요한 변신은, 자기 자신이 요정이 되어 할 수 있을 것이다. 자신이 소유한 것 중에서 가장 예쁘게 어울리는 복장과, 신발과 얼굴을 깨끗하게 화장하고 세상에 나아가 내보여 주자. 단 하루만이라도!

회사에 평범한 잠바차림으로 늘상 출근하다가 이벤트가 필요한 그날을 위해 이발을 하고, 목욕을 하고, 컨디션을 최상으로 만들며, 그날만은 양복을 입고, 구두광을 내고, 스킨로션도 좀 바르고, 머리에 무스도 좀 바르고, 이쁜 냄새도 나게 향수도 좀 뿌려서 출근을 해보아라. 달라진 모습에 주변은 우와! 하고 감탄사를 보낼 것이다. 아니 없더라도 자기 스스로에게 감탄사를 보내면 그걸로 만족이다.

신데렐라 효과는 이런 것이다. 일상의 무료한 삶속에서 나만의 이벤트로 자신의 존재감을 스스로에게 뽐내고 보여주어 활력을 주자는 것이다. 한 번 해보면 알 것이다. 그것이 필요한 일이고, 자존감을 높여준다는 것을 말이다. 매번 그렇게 하면 좋지 않을까 생각을 하겠지만 그것은 각자의 판단으로 맡겨두겠다. 매일 신데렐라가 되어 있으면 너무 힘들지 않겠는가? 화려한 변신은 우울한 날 어쩌다 가뭄에 콩 나듯 한 번이면 좋을 것이다. 그래서 신데렐라 효과Effect는 내가 즐겨 찾는 힐링방법 중 하나이다. 내가 나의 요정이 되어 신데렐라 효과로 자신을 깜짝 스타로 변신해보자.

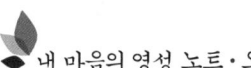
내 마음의 영성 노트·오늘의 묵상글

천상의 빛으로 빛나는 초인적인 기쁨

14

건강은 건강할 때 지켜라

　코로나 때도 이겨왔는데, 요 며칠 독감으로 아파 뒤지는 줄 알았다. 딸내미랑 통화하며, 오빠 감기 때문에 병원에 주사 맞으러 같이 왔단다. 감기가 전화기를 통해 오는 것도 아닐 텐데, 통화하고 나서부터 이후 몸이 으슬으슬, 목구멍으로 침 삼키기도 힘들더니, 근육통도 오면서 감기 기운이 온몸을 파고 들어왔다. 그러기를 일주일! 참다 참다 3일쯤 지나면서, 약국에서 종합감기약과 쌍화탕 1박스를 사와서 먹고, 딱 7일간 고생고생하더니 이제 나아진 듯하다.

　나름 건강에는 자신하는 사람이다. 근력이 좋은 것도 아니고, 체격이 좋아서도 아니다. 몸에 좋은 것은 하지 못하더라도 나쁜 것은 하지 말자. 보약을 먹거나 건강식품 등을 챙겨 먹지는 못한다 하더라도, 그저 밥이 보약이라는 생각으로 먹거리도 엄청 챙기는 것은 없지만 배고프면 먹고, 먹고 싶은 거 그때그때 몸이 당기면 찾아 먹는 정도로 반응하는 게 전부다.

　병원을 원래 잘 안 가는 성격이다. 감기가 걸려도 약을 안 먹고 견디다가 결국 약국에서 감기약 사다 먹는 정도이다. 몸의 자연치유력을 믿는 편으로 먹는 것에서, 주변 환경에서 자신이 몸을 방치한 데에서, 무리하게 몸을 혹사시켜서 등 아픈 데는 다 이유가 있다고 생각한다. 따라서 아프도록 노출한 자기 자신은 스스로 치유하든지, 아파봐야 몸을 보호하고 혹사시키지 않거나 할 것이기 때문이다. 건강에 관심이 없는 사람은 없을 것이다. 오래 살기 위해서라기보다는 아프면 고생하니까, 아파보니 건강의 소중함을 느끼니까 그렇다.

　2004~2005년도쯤으로 기억된다. 아침마다 불편한 몸으로 걷기 운동을 하시는 분이 계셨는데, 뇌졸중으로 반신불수가 되셨나 보다. 출근하는 길에 항상 그 시간, 그 장소를 지나게 되면 꼭 보게 되는 장면이어서 기억에 남아 있다. 처음에 보았을 때는 위험하게 이런 도로에서 운동을 하시나 하고 생각하다가 1년, 2년 지나갈 때마다 보게 되면서부터는 건강을 잃는다면, 내가 저런 상황에 처한다면이라는 생각을 갖게 되었고, 여러 가지 그분을 통해 반면교사로 나 자신을 돌아보는 계기가 되었다. 건강할 때야 아쉬울 것 없겠지만 중년, 노년의 과정을 겪어가면서 더욱 몸 건강관

리의 중요성을 요 며칠 감기로 고생하며, 다시 한번 깨닫게 된다.

건강은 자신할 수 없다. 누구도 예외일 수 없는 게 현실이다. 조심하고, 예방해야 하는 것을 코로나를 겪으며 배우지 않았는가? 개인위생 관리 철저히 하고, 외출 후 들어와서는 비누로 손씻기 같은 단순한 것부터 지켜야 할 것이다. 밥만 잘 먹는다고 건강이 저절로 지켜지겠는가? 건강을 잃으면 모든 것을 잃는 것이다. 예방이 최고의 명의다.

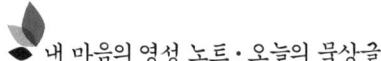 내 마음의 영성 노트·오늘의 묵상글

> 게으르거나 향락을 즐겨서 아직 나를 찾지 않고, 나를 받아들이지도 않고, 그저 그들의 악습과 좋지 못한 열정을 즐기려고만 하는 사람들이 있다.

15

왜? 철학을 가르치고 공부하여야 하는가?

왜 철학을 가르치고 공부해야 합니까? 철학 하면 어떤 생각이 떠오르시나요?

고상하고 / 고뇌하는 / 세상의 모든 슬픔은 혼자 다 하는 / 특이하고 / 형이상학적이고 / 이해 불가 / 독특하고 / 무언가 있어 보이고 / 삶을 달관한 것처럼 보이고

그리스 시대부터 철학이라는 단어 'Philosophy'의 'Philo'는 '~을 사랑하는'의 뜻이고, 'Sophia'는 '지혜'를 뜻한다. 따라서 철학이란 말 그대로 '지혜 사랑'이며, 실제로는 인간이 존재하는 혹은 존재해야 하는 방식, 이유, 의미 등 인간상황에 대한 근원적이고 보편적인 이해를 추구한다. 이에 대해 철학자들은 진리를 분간해내기 위한 살핌과 문답의 방식을 사용한다. 나아가 서양철학은 대략 다섯 가지 분과로 구성되는 것으로 정리된다.

　우주 혹은 실재의 본성에 집중하는 (1) 형이상학 / 추론의 규칙을 탐구하는 (2) 논리학 / 지식의 본성 및 지식을 얻는 과정을 따져 묻는 (3) 인식론 / 인간의 행위에 영향을 미치는 도덕적 가치 및 규범을 모색하는 (4) 윤리학 / 아름다움의 본질 혹은 예술의 기준 등을 정립하고자 하는 (5) 미학이 그것이다. 이렇듯 철학은 이해하기 어려운 난해한 학문이다. 알고 습득한다기보다 자기 자신의 본래의 모습을 파악하기 위한 끊임없는 탐구를 철학하는 마음가짐으로, 죽는 순간까지 알아가는 것이라 생각해본다. 살아가면서 배우고, 익히며, 흔히들 "그 녀석 철들었네"라는 말을 할 때, 그 철들었다는 것은 무엇을 뜻할까? "저 사람 철학이 있네"라고 할 때 그 철학은 무엇을 말하는 것인가? 그것은 화자의 줏대, 주장, 주관, 고집, 삶의 지향하는 목표 등 이러한 것들을 가리키는 말일 것이다.

　우리 각자는 자신만의 특성이 있다. 산다는 것이 무엇인지, 또 무엇 때문에 살고 있는 것인지, 그것은 각자의 성향이나 자라온 환경, 사회적 배경 등에 따라 다를 것이지만, 그것을 알고, 잘하는 것을 더욱 잘하도록 만들고, 삶의 진리를 찾고 알아내어, 정진하고 동기부여하며 나아가는 것, 깨달음을 얻도록 생각의 깊이를 사고의 심연으로 빠져들어 가는 것, 그렇게 하도록 자아를 탐구하고 수행하는 것, 이러한 것이 '철학이다'라고 보여진다.

왜 초, 중, 고등학교의 학교 교육에서는 철학을 가르치지 않는 것일까? 어려워서인가? 어른이 되면, 성인이 되면 자연히 알게 되는 학문인가? 인생에서 자연히 알게 되는 섭리일까? 철학을 통하여 나름대로의 인생관, 국가관, 결혼관, 가치관 등 바라보는 시각을 형성할 수 있고, 육체가 나이가 들면서 자라듯이, 철학은 정신세계를 형성하는 밑거름으로 가치관 형성에 중요한 역할을 한다고 생각한다. 철학을 통한 인생의 의미를 각자에게 올바르게 심어주자는 것! 그것이 왜 철학을 배우고 공부해야 하는가의 이유일 것이다. 우리 모두 철학자가 되자. 철학하는 마음으로 오늘을 고뇌하며, 삶의 의미를 깨달아보자. 지혜를 사랑하고 탐닉해보자.

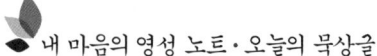
내 마음의 영성 노트 · 오늘의 묵상글

> 뉘우침과 참을성과 꾸준함과 용맹을 가지시오. 뉘우침과 죄를 버리겠다는 의지가 없으면 어떤 세례도 가치가 없고, 어떤 의식도 소용이 없습니다.

16

여행,
나에게 주는 마지막 선물은?

    그동안 여행은 수학여행(고2 때 설악산), 신혼여행(괌), 국내여행, 해외여행(필리핀, 태국, 베트남, 캄보디아, 라오스) 등을 다녀온 것으로 기억한다. 1989년부터 해외여행이 자율화되면서 여행을 해외로 떠나는 사람들이 많아졌고, 황금연휴 기간이면 공항 출국장이 수많은 인파로 넘쳐난다는 뉴스를 접하곤 하였다. 코로나로 위축된 여행자들의 욕구불만이 다시금 겨울여행을 떠나는 사람들로 출국장으로 모이게 한다.

    고2 때 수학여행은 설악산으로 다녀왔다. 관광버스를 대절하여 동해와 설악산 흔들바위를 다녀왔는데, 수학여행 시즌이어서 많은 학생들이 설악동에서 숙박하기 때문에, 설악산을 여행하러 온 것인지, 타학교 학생을 만나러 온 것인지 분간이 안 될 정도로 수많은 학생들로 가득했다. 학생들 간의 충돌을 미연에 방지하기 위해, 선생님들의 타학교 학생들과 접촉하지 말라는 공지가 있었지만, 그럼에도 어느 지역의 여학교에서 왔다는 둥, 쪽지를 주고받았다는 둥의 이야기가 들려오는 것을 보면, 여행 기분에 들뜬 학생들의 호기심과 궁금증을 막을 수는 없었는가 보다.

신혼여행은 괌으로 1994년 6월 5일 결혼식을 마치고 다녀왔다. 아내가 꼭 여행은 해외로 가야 한다고 우겨서 할 수 없이 (사실은 좋았지만) 해외로 다녀왔다. 국내여행은 목적지를 정하지 않고 떠나가곤 한다. 그냥 주말에 1박 2일이라든지, 여름휴가 때 시간이 맞으면 친구들과 가족들끼리의 여행으로 이곳저곳 여행지 구경 후 주변 맛집을 찾아다닌다.

해외여행은 주로 동남아 지역(필리핀, 태국, 베트남, 캄보디아, 라오스)을 다녀왔다. 유럽이나 미주 지역은 시간과 경비가 너무 부담이 되어서 갈 엄두가 나지 않는다. 필리핀은 마닐라, 따가이따가이 폭포, 태국은 파타야, 베트남은 하노이와 하롱베이, 캄보디아는 앙코르와트, 라오스는 블루라군 등을 다녀온 기억이 있다. 그리고 이번 2024년 2월 5일부터 3박 5일의 일정으로 베트남의 다낭과 호이안 지역을 다녀왔다.

각자의 여행 목적이 있겠지만, 우선 겨울의 추위를 피해 따뜻한 남쪽나라에서 지낼 수 있다는 것만으로도, 떠나고 싶은 가장 큰 희망사항이어서 그랬는지 시간과 경비가 허락하는 조건으로 여행지를 찾다가 픽Pick하게 된 곳이 다낭과 호이안이었다. 만나고 스치며 지나치는 또 다른 여행자들, 그리고 원주민 가족과 사람들, 거리, 건물, 자연환경! 이국의 여행지는 늘 보았던 내 지역 풍경과는 비슷한 듯 색달랐고, 먼 나라 이국의 곳에서 접하는 경험이라 그러한지 보이는 모든 게 신기하고, 지구는 넓고도 흥미로운 곳이 많구나, 라는 생각과 함께 놀고, 먹고, 구경하는 재미와 웃음, 그리고 무엇보다도 방전하기 직전의 자신을 충전하는 시간이 되어 즐겁고 보람된 여행이었다.

바닷가 다낭의 미케비치 해안을 아침산책 시 걷다가 불에 타다 그을린 버려진 작은 나뭇가지를 하나 보았다. 바닷가에 버려진, 생명이 없는 나뭇가지 하나! 내가 그곳을 지나가며 내 눈에 띄어 접하게 된 것이다. 백사장 파도에 쓸려온 하잖은 존재의 것! 생명이었으나 이제는 생명이 아닌 것으로, 바닷가에서 사라질 존재인 나뭇가지, 미물이 과연 아무 의미 없는 것일까?

의미는 내가 부여하는 것이다. 자기 자신이 부여하는 것이다. 내가 나에게, 그리고 기억하도록 만들면 되는 것이다. 사진 한 장, 추억 한 장, 기억 한 장 잊혀지지 않도록 만들고, 남기어 기억하면 되는 것이다. 의미 부여는 그런 것이다. 원효대사가 해골바가지의 물을 먹고 깨달음을 얻었다 하였듯이, 무엇이든 마음먹기에 달린 것이다. 지구별 여행인 삶을 마치고 자연으로 돌아갈 내게, 내가 나에게 주는 마지막 선물! 그것이 내가 글을 쓰고 남기려는 이유이다. 아무도 나를 기억하지 않는다 하여도, 내가 나를 알아줄 것이니까.

🌱 내 마음의 영성 노트·오늘의 묵상글

> 우리 안에는 선과 악이 모두 들어 있다. 우리는 모든 것을 지니고 있다. 주의 깊은 의지와 끊임없는 기도는 지옥의 불꽃에 뿌려지는 축축한 모래와 같아서 그것을 덮고 끄고 이겨낸다.

17

왜 사냐고 묻거든, 그냥 웃지요

자신에게 묻고, 자신이 답한다. 인생의 스승은 너 자신이다. 네가 너를 가장 잘 안다. 알도록 해야 한다. 그러니 너에게 묻고 스스로 답한다. 요즘이야 궁금한 것은 인터넷 검색을 통해 알아보고, 궁금증을 해결하는 방법을 찾기도 하고 묻기도 하지만, 살아오면서 무엇이든 궁금하거나 해결할 방법을 찾으려고 할 때는 서점에 가서 이것저것 딱히 정해진 것도 없이 눈길이 가는 책, 마음에 꽂히는 글귀들을 찾아 기웃기웃하였었다. 지금도 가끔은 그러하다.

"왜 사냐고 묻거든 그냥 웃지요" 고등학교 3학년 국어선생님께서 하신 말씀이다. 매 수업시간 때마다 수업을 하시다가도, "왜 살어?" 하시며 "그냥 웃지요"로 답하시었다. 그때는 선생님이 그냥 하시는 말씀인 줄 알았는데, 김상용 시인의 '남으로 창을 내겠소' 싯구절이었다. 왜 사는지? 왜 살아? 왜? 인생은 무엇인가? 삶은 무엇인가? 늘 묻는 질문이었다. 답도 없다. 그때 그때 다르다. 고3 때부터 지금까지 답이 없는 질문이어도 해야만 한다. 오늘, 지금을 살아가고 있는, 내가 찾은 답은 이것이다.

인생의 의미는
자연의 이치를 알고
자연의 순리에 따르며
결국 자연으로 돌아간다는
진리를 깨달아
마음의 평화를 얻는 것이다.

당신은 지금, 왜 사냐고 묻거든 무엇이라 답하겠는가? 왜 사냐고 물으니, 미소짓고 있구나.

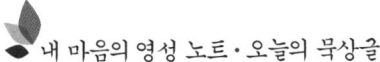 내 마음의 영성 노트·오늘의 묵상글

> 순결을 가지고 있는 사람은 사랑을 가지고 있고, 사랑을 가지고 있는 사람은 지혜를 가지고 있으며, 지혜를 가지고 있는 사람은 너그러움과 용맹을 가지고 있다. 그가 누구를 위하여 자신을 희생하는지를 알기 때문이다.

제3장 명상하는 마음 · 259

이유리　　이지영　　이성은

🍀 내 마음의 영성 노트 · 오늘의 묵상글

거만한 눈, 거짓말하는 혀, 죄 없는 사람의 피를 흘리는 손, 불공평한 계획을 구상하는 마음, 악으로 급히 달려가는 발, 거짓말을 하는 거짓 증인, 그리고 형제들 사이에 불화의 씨를 뿌리는 사람이다.

18

수행자(명상, 묵상, 기도)의
수행하는 즐거움

예전에 어느 목사님의 설교를 인터넷을 통해 들었던 기억이 있다. 헬스를 하루종일 하였을 때의 몸에서 느끼는 기분과 호르몬의 변화가 기도를 1~2시간 하였을 때의 신체 변화 수치와 비슷하다는 내용이다. 기도하고 명상하며 묵상하는 행위에 대하여 우리 각자는 어떠한 생각을 하는가? 종교인은 기도하고 묵상하겠지만 일반인은 명상하고, 요가하며 정신적인 마인트 컨트롤을 한다고 보여진다.

인간은 육적인 존재이며, 또한 영적인 존재이다. 영과 육의 합일체인데 육이 자라듯 영도 자라고 성장한다. 영의 형태도 자신이 만들어 나간다. 어찌 됐든, 자신 안에 영을 받아들이고, 의도하든, 의도하지 않든 인간은 영적인 존재로 생존하며, 육신은 죽어도 영혼은 사라지지 않고 영혼의 주인에게로 돌아갈 것이다. 하드웨어인 육신에 소프트웨어인 이성과 지성이 각자의 자신을 유지해 살아가도록 한다. 생각하는 것, 행동하는 것, 스스로를 통제하고 판단하는 것들은 각자가 사고하는 정신적인 범주 안에서 이루어진다. 어떠한 영을 받아들일 것인가?

부모로부터 이어받은 것으로 자발적인 선택이 아니었다손 치더라도, 쉽지 않은 일이겠지만, 이제, 지금, 이 순간 당신은 선택하여 결정할 수 있다. 더 좋은 영으로, 더 좋은 소프트웨어로, 더 좋은 정신을 당신의 육체에 넣을 수 있다. 그것이 뉘우침이며, 회개이고, 개종이고, 이러한 자신을 돌아보는 성찰과 반성을 통해 새로운 탄생을 경험하며, 정신적 성장과 영적인 성장의 과정을 거치길 권하겠다. 그리하여, 수행하는 즐거움, 명상, 묵상, 기도하는 즐거움을 만끽하길 바라며, 깨달음도 구하여 얻어지는 정신적인 과실이고, 열매임을 수행자는 알아야 한다. 부단한 노력과 인고의 시간이 필요함은 물론이다. 궁극의 깨달음으로 '마음에 평화'가 가득하길 바란다.

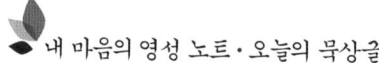
내 마음의 영성 노트 · 오늘의 묵상글

하느님의 은총을 받고 있으면 받고 있을수록 임무가 더 축복을 받고, 더 좋은 결과를 나타낸다.

19

요셉아! 더러운 것을 깨끗하게 해주는 그 일은 거룩한 일이다

성격상 추진력은 좋으나 무엇을 진득하니 하지 못한다. 금방 싫증내고 다른 것을 하려고 한다. 하지만, 지금 하는 광택 일은 이상하리만큼 적응을 잘하고 있고, 힘은 들어도 결과에 대한 만족도가 크기에 일을 하면서도 매우 뿌듯하고 즐겁다. 일을 대하는 태도도 바뀌었고, 급한 성질도 느긋해졌고, 올바른 과정이나 세워놓은 필요한 공정을 거쳐야 결과도 좋게 나온다는 것을 알게 되니, 작업 절차를 준수하게 되고, 대충대충, 건성건성의 나쁜 습성을 고치게 되었다.

세차장을 시작하면서, 주위의 아는 분들은 걱정 가득한 마음으로 조언을 해준다. 희망 섞인 말들도 해주고, 건강을 염려하는 등의 이야기를 해주어 들었다. "힘들지 않아?" "대박나야 돼!" "돈 많이 벌어라!" 등 사업번창을 바라고, "뭘 그런 것을 해?"라는 비관적인 이야기는 아니더라도 "네가 그걸 잘하겠어?"라는 식의 말은 듣는 데서 이야기하진 않겠지만, 본인의 일이 아닌 제3자의 입장에서 인사치레의 으레 하는 조언쯤으로 알아듣고 있었다. 이런들 저런들 결과로 보여주면 되는 것이고, 중요한 것은 자신이 마음먹기에 달린 것이니까 내 사업이니 망하든, 흥하든 내가 할 탓 아니겠는가! 하여, 이제는 부럽다는 이야기를 가끔 듣기도 한다.

김인국(마르코) 신부님은 청주교구의 사제님이시다. 진천 성당의 선후배 사이로 어려서부터 성당에서의 소년회나 복사회 활동을 함께하였다. 대학생활을 할 때도 방학 중에는 성당에서 함께한 경험과 추억들이 공유되는, 군 생활할 때에도 서신을 주고받으며 위로와 격려를 해주었고, 자랑할 만한 인생의 다정한 벗이다. 세차장 일을 처음 하면서 신부님께 전화를 하였던 모양이다. "형, 나 세차장 차렸어요" 잠깐의 정적이 흐르더니, "요셉아, 더러운 것을 깨끗하게 해주는 그 일은 거룩한 일이다"

어떠한 위로와 희망의 말들보다도 내 마음에 편안함과 힘을 보태주는 말씀이었다. 아마도 일을 한 보람을 느낀다는 것은 어떤 중요한 가치를 추구하면 물질적인 보상은 따라오는 것 아니겠는가 하는 생각이다. 돈을 좇아가지 말라는 말! 돈만 바라보지 말고 하는 일에 보람을 찾는다는 것은 쉬운 듯 어려운 일이다. 여태껏 살면서 지금의 이 나이에 터득하고 알아들었으니 말이다. 앞으로의 내 삶은, 돈으로 살 수 없는 가치 있는 것들을 소유하고 추구하며 살아가길 바라는 마음이다.

 내 마음의 영성 노트 · 오늘의 묵상글

너희 평판과 너희들이 집착하는 애정을 지키는 일을 하느님께 맡겨드려라. 거룩한 생활로 하느님의 보호를 받을 자격을 얻어라. 그러고는 안심하고 있어라. 모든 사람이 너희와 대항한다 해도 너희를 사랑하는 하느님께서는 너희를 변호하시고 진실이 드러나게 하실 것이다.

20

행복의 비결은 무엇일까?

행복하길 바라지 않을 사람은 없다. 행복하기 위해 행복을 찾아 떠나지만, 행복은 가까이에 있음을 알게 된다. 배부르고 등따시면 행복한가? 인간이 태어나서 성장하고 자라서 죽을 때까지의 생애의 모든 과정 중에 행복한 순간은 과연 언제인가? 아마도 행복은 자신의 정신적인 만족도가 극에 달했을 때 느끼지 않을까 생각된다. 무엇을 성취하였던지, 무엇을 얻었다든지, 큰돈을 벌었다든지 기쁨이 극에 달한 그 순간에 잠깐이지만 행복하였다고 말할 수 있겠다.

하지만, 그러한 행복이 궁극의 행복일까? 물질적인 행복은 오래갈 수 없으며, 인간의 욕망을 채워주는 행복은 쉽게 꺼지고 사라지는 물거품일 것이다. 정신수양, 마음가짐의 자기 수련으로 자아를 다스려 평온한 상태를 유지하려는 의지! 결국 깨달음을 얻는 수행과정이 필요한 것이며, 그러한 과정 중에 행복함을 느끼고, 행복이 무엇인지를 알게 되는 것이다. 구도자, 수행자, 수도자 등 종교에 귀의한 이들의 얼굴을 보라. 얼마나 행복한 얼굴이던가!

선진국일수록 우울증과 같은 정신질환으로 불행하게 사는 사람들이 많고, 오히려 후진국처럼 빈민국에서 행복지수가 더 높다고 하는 통계를 보면 행복은 물질적 풍요 순이 아니며, 소득의 다소로 행복과 불행을 평가할 수 없는 이유일 것이다. 그래서 행복은 스스로 느끼는 자기 암시, 스스로에게 거는 최면이 필요한 것으로, 자기애의 표현이며 '내가 나를 즐겁게 해야 한다' 즉 나의 행복은 스스로 찾아 먹는 하루 한 끼의 식사와 같아 자신이 해결해야 할 것이다.

그러기 위해서는 마음의 수양이 필요하며, 어떻게 행복하게 해줄까를 늘 고민하고, 작은 것에도 만족하고 자신의 마음을 이끌어가야 한다. 내가 아니면 나를 행복하게 해줄 수가 없기 때문이다. 자신의 주변을 행복하게 해줄 환경과 행복하게 할 여건으로 만들어보자. 행복함을 느낄 수 있는 작은 것부터 실천해보자. 행복의 비결은, 자족하며 느끼는 가난한 마음의 행복, 마음의 평정을 찾는 것이다. 작은 일, 아주 작고 사소한 것들에게서도 행복을 느끼는 오늘이길 바란다. 마음을 세뇌하라. 나는 행복하다. 행복은 내 마음의 문제이다. 나는 마음이 평온하기 때문에 행복하다. 이제,

내 마음은 그분의 영으로 가득하다. 이 얼마나 행복한가! 무엇이 더 필요하다는 말인가!

 내 마음의 영성 노트·오늘의 묵상글

하느님을 모신다는 것은 기쁨을 가진다는 것만이 아니라 노력을 한다는 것이기도 하다.

21

주교님과의 면담

+ 찬미 예수

오늘 저희 관할 교구장님이신 유흥식 라자로 주교님을 뵙기 위해 대전으로 향하였습니다. 2008년 4월 9일 오전 9시 40분 약속 시간보다 10분 늦게 교구청에 도착하였습니다. 이렇게 평신도로서 제가 감히 주교님을 뵈옵는 영광을 누리다니, 이유야 어떻든 기쁘기만 합니다. 만남의 이야기를 두서없이 생각나는 대로 올려 보겠습니다.

교구청에 도착하니 경비실 아저씨가 아시는 듯 연락을 하더니 안내를 하더군요. 비서실로 들어서니 수녀님께서 교구장님실로 안내 하시고 좀 늦으셨군요, 라고 하셨습니다. 안으로 들어가 주교님께 인사드리고, 둥그런 탁자에 주교님과 마주 앉아 이야기를 시작하였습니다. 저는 이렇게 불러주신 주교님께 감사의 말씀을 전하였고, 영광이라고 하였으며, 이제 주교님을 두 번째 뵙는다고 하였습니다. (저희 본당 견진성사 때 오셔서 뵙고, 오늘이 두 번째라고 하였음) 바로 나주의 이야기를 하였습니다.

주교님과의 이야기들

1. 사제 성화를 위한 기도모임(포큘라레이?)의 창시자분이신 (꺄레***?) 분이 돌아가셔서 며칠 전 명동 성당에 몇 분의 사제분들과 함께 미사에 다녀오셨다고 하시며, 그 모임도 이전에 교황님께서 없앨 위기에 어떤 주교님께서 유보시켜서 유지가 되었다고 하시고, 사라질 위기였다고 말씀하셨습니다. (저는 이 모임이 어떤 모임인 줄 전혀 모름)
2. 나주에 대하여 언급을 하셨는데 재정 문제와 교회에 대한 순명에 대하여, 교회는 어머니로서 순명을 하면 하느님의 뜻이 이루어진다는 취지의 말씀을 하셨습니다.
3. 저는 순명을 안 하신 게 아니고 그 과정 이야기를 하여 드렸고요.
4. 광주교구의 입장에서 최 대주교님의 말씀을 그대로 믿고 말씀하셨습니다.
5. 앗리미나, 이반디아스 추기경, 친서들
6. 지난 춘계 주교회의에서 논의된 나주 문제에 대하여 '장시

간' 논의된 내용에 대하여 제가 아는 바를 말씀드렸고요. 주교님께서는 그곳에 참석을 못하셨음을 알고 있다고 하였지요. (그때 주교님께서는 로마에 사회복지 평의회 위원 자격으로 방문을 하셨기에 춘계회의 때 논의된 내용을 모르시고 계셨지요. 제가 이렇게 말씀드렸더니)

6. 그런 것까지 알고 있는 걸 보니 요셉 형제가 공부를 많이 하였군요, 라고 하셔서

7. 사회복지 위원에 선출된 것을 알고 다녀오신 줄 알았다고 하였지요.

8. 교령을 발표한 광주교구는 '무책임한 사람들'이라고 제가 이야기하였습니다.

9. 교령을 발표한 해당 교구에서는 나주 순례를 하는 신자임을 알고 있으면서도 미사 때 영성체를 준다고 합니다.

10. 그러나 타지역의 본당(저희 본당도 마찬가지지만)에서는 나주 순례하는 문제로 일체의 성사 집행을 하지 못한다면 그것은 어찌 보아야 하는지요.

11. 주교님께서는 일일이 모든 신자의 상태를 알고 영성체를 주고 안 주고 할 수 없지 않으냐.

12. 그것은 각자가 성체를 영한 사람이 '모령성체'의 죄를 짓게 되는 것이다.

13. 나주에서는 타국의 신부님, 주교님께서 오셔서 미사 집전을 해주십니다.

14. 제 편지를 읽어보시고 주교님께서는 저에 대하여 진실하심을 알고 있기에 관할 교구의 최고책임자인 주교로서 만나보고자 하셨고, 교회의 요청(교령)에 따르기를 바란다는 말씀이셨습니다.

15. 주교님께서는 MBC PD수첩 내용도 언급을 하셔서 제가 그에 대한 '해명자료'들을 가져왔으니 드릴 테니 보시라고 하였지요. 나주의 진실 동영상(DVD 자료)을 드림

16. 외국의 신부님, 주교님들께서는 오셔서 미사 집전을 하시고 은총을 많이 받아가십니다.

17. 제가 나주를 통하여 얻은 은총은 영적인 눈을 뜨게 된 것이었다고 말씀드렸고요. '깨달음도 은총'이었다고 하였고요. 나주 성모님께서는 하느님을 사랑하는 방법을 제게 알려주셨다고 하였지요.

18. 첫 토요 신심. 기도회의 내용들(묵주기도, 십자가의 길), 나주 순례자들이 하는 내용들에 대하여 말씀드렸고요. 그것이 왜 교령을 내리고 파문의 제재를 받아야 하는 대상인지를 알다가도 모르겠다 하였지요.

19. 주교님께서도 그 점은 좀 더 숙고하여 광주교구가 율리아 측과 대화로 풀지 못하였는지 안타까워한다, 라고 하셨습니다.

20. 저도 개인적인 호기심으로 나주를 찾아갔지만 순례를 하면서 알게 되니, 공지문이 나왔고 '나주 성모님의 억울함'을

알게 되었고, 세상의 일들로도 억울함을 당하면 플래카드 걸고 목격자를 찾고 호소하는데, 나주의 문제에 있어서 저는 그러한 나주 성모님의 억울함에 대하여 외면할 수 없다는 것이 제 개인의 신앙의 양심입니다. 보이지 않는 영신의 문제이지요.

21. 하느님의 뜻은 결국 들춰질 것이다. 언젠가는 밝혀질 것이다. 그러니 교령을 발표한 광주교구에 순명하여라.

22. 교령이 발표되어 예전에 제가 광주교구의 비서실장 신부님께 전화하여 통화하면서 이야기하던 중 그러시더군요. 나주가 이단이며 사이비입니까? 라고 물어보았어요. 그랬더니 비서실장 신부님 개인적으로 자기는 나주가 이단이며 사이비라고 생각한다고, 그래서 제가 그것이 교회의 공식적인 발표인가요? 광주교구의 공식적인 입장인가요? 라고 물었더니 그것은 아니라고 하였고요.

23. 말씀 중에 주교님의 명확한 입장은 무엇인지 물어보았지요. 나주를 찬성하시는지, 반대하시는지, 어떻게 생각하시는지?

24. 전 세계 교회에는 많은 기적들이 일어나고 있다면서 그것들에 대하여 어떻게 일일이 기다, 아니다라고 교회가 일일이 대응을 하겠는가.

25. 광주 교구장님께서도 나주가 기적이 아니라는 게 아니며, PD수첩 이후 교령을 발표하시면서도 '마음은 아프지만'이

라는 문구를 쓰신 것으로 보아 인간적인 고민을 많이 하셨던 것으로 알고 있다고 이야기하였고요.

26. 나주의 문제에 대해 재정적인 수입과 지출에 대하여 올바르게 보고하지 않는다는 말씀을 하시길래, 송홍철(루까) 신부님께서 율리아 자매님께 마이크를 줄 테니 나주 본당에 나와 모두가 거짓말이었고 조작이었다고 고백하고, 성모상은 나주 본당에 모셔다 놓고 멀리 제주도나 다른 곳으로 가서 살아라, 라고 하였답니다. 그래서 주교님께 이런 내용들을 보고하였으나 바로 공지문이 나오게 되었고, 상황이 지금까지 오게 된 것입니다.

27. 인도네시아 루뗑 교구에 율리아 자매님이 방문하였을 때 3박 4일 동안 그곳은 임시 공휴일로 정하여 환영을 하였습니다.

28. 상순 주교님께서는 그곳에서의 일어난 일들을 증언하시기까지 하셨다고 하였지요. 그러한 내용이 이 자료에(진실 동영상 DVD) 있습니다.

29. 말레이시아 시부시에서도 율리아 자매님이 받아 모신 성체에 성혈이 흘러내리는 기적이 일어났는데 시부시의 주교님은 그것을 인정하시었거든요.

30. 하느님의 진리가 어느 곳에서는 인정되고, 어느 곳에서는 인정되지 않고 그럴 수는 없지 않겠습니까?

31. 교령의 제재에 대하여도 외국의 신부님들께서 오셔서 미사

집전을 하시는데 한국에서는 아니다라고 하여 '파문'이라 하고, 외국의 순례자들은 옳다고 하여 받아들이고 모순된 것 아닙니까?

32. 저는 예수님을 사상가로서 전하는 분들이 있어서 안타깝습니다. 다른 개신교나 불교 등 일반 사상가들도 세상에서 잘 살자고 하지 나쁜 짓 하라고 하지는 않거든요. 예수님의 말씀을(성경 구절들을) 과학으로 이해하려 하니 기적을 분석하려 합니다. 예수님을 사상가로서 전하려 하지요. 예수님은 믿음의 대상입니다. 그런데 그분을 인간의 생각으로 사상가로서 받아들이려 합니다. 올바른 믿음이 아니지요.

33. 주교님께서도 그러한 것은 위험하다고 말씀하셨습니다.

34. 처음 시작 때도 말씀을 드렸지만, 오늘 제가 이렇게 주교님과 말씀을 나누게 되리라고는 꿈에도 생각하지 못하였지요. 오늘 제가 주교님을 만나게 된 것에 대하여는 주님의 뜻이 있으리라 생각하고요, 성모님의 뜻이 있으리라 생각합니다.

35. 주교님, 나주를 도와주십시오.

36. 이 자료들을 보시고 올바르게 나주를 알게 되시길 바랍니다.

37. 제가 드린 자료들입니다. (나주 성모님 관련 동영상, 상본 등)

38. 11시쯤 되어서 또 다른 손님과의 약속이 있으셔서 이야기를 마쳤습니다.

39. 나오면서 기념사진을 찍자고 하였는데 주교님께서 사진을

찍을 상황이 아니라고 하시고, 지금은 사진을 찍을 때가 아니라고 하셨습니다.
40. 그리고 기적수를 드리면서 뚜껑을 열어 향기를 맡아보시라고 하였고요. 주교님께서 코를 대시며 맡아보시고 (내 코가 냄새를 잘 못 맡으신다고) 하셨습니다.

 이상입니다. 저 개인을 보아서는 신앙을 유지하여 이탈하지 않기를 바라시는 마음이 역력하였고요. (물론 기우에 지나지 않는 걱정이시지만) 모든 것은 주님과 성모님의 뜻에 맡겨야겠지요. 이 말씀은 하셨던 것 같군요. 제가 "주교님, 나주를 도와주세요"라고 하니까 주교님께서 "내 마음이 바뀌게 해달라"라고 하신 것 같아요. 부족하였지만 오늘 주교*님을 만나 나눈 내용들이었습니다.

 항상 주님과 성모님의 품안에서 기쁨과 사랑과 평화가 가득하시길 바라겠습니다. 예수성심 성모성심의 승리를 위하여 주님의 도구로 쓰이도록 합시다. 아멘.

---

*교황청 성직자부 장관이신 유흥식 라자로 추기경께서 2024년 4월 11일자로 바티칸시국위원회(Pontificia Commissione per lo Stato della Città del Vaticano) 위원에 임명되셨습니다. 바티칸시국위원회는 바티칸의 행정과 입법 등을 관장하는 기구로(여기서 결정된 정책 등은 국무원과 교황을 거쳐 교황청 공보에 게재됨) 임기는 5년입니다.

| 유흥식 라자로 주교님께서 보내주신 엽서(2008. 4. 1.) |

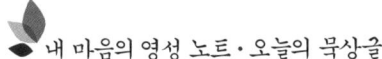
내 마음의 영성 노트 · 오늘의 묵상글

악은 항상 숨어 있고자 하지만 항상 그렇게 되지는 못한다. 그러나 공로가 되도록 비밀로 남아 있기를 원하는 선도 하느님의 영광을 위하여 사람들이 알아내는 날이 온다.

22

종교는 수레다

　세상에 태어나 살아가면서 자신의 의지대로 선택할 수 없는 것은 선천적으로 받아들여지는 것들, 이를테면 지역, 부모, 모습, 성별 등일 것이며, 후천적으로 내게 주어지는 것들은 자신의 노력이나 능력에 따라 취하고 얻을 수 있는 것들이다. 종교는 어떠한가? 선천적인가? 후천적인가? 종교의 자유가 주어져 있다고는 해도 자신이 취사선택할 수 있는가?

　내게 있어 신앙생활의 시작은 엄마 뱃속에서부터였다. 이른바 모태신앙! 어머니는 성당의 미사를 마치고 오셔서 점심 12시쯤에 나를 낳으셨다고 한다. 성당을 다니는 신앙생활이 자의적인 선택은 아니었지만, 긍정적으로 내게 작용한 부분이 더 많았다 생각한다. 육적인 삶뿐 아니라, 영적인 삶도 인간의 삶에는 아주 중요한 영향을 미치고, 행복과 기쁨을 주는 것을 부정할 수 없기에 그러하며, 또한, 물질적인 풍요가 행복을 보장하지는 않기 때문이고, 돈으로 살 수 없는 것들을 신앙을 통해 얻고, 소유하여 정신적인 행복감을 충족시키기에 믿음과 신앙은 인생에 지대한 영향을 준다고 할 것이다.

초, 중, 고등학생 시절 성당을 다니면서는 성당이 아닌 일반 개신교에 다니는 친구들과는 서로에 대한 교리를 갖고 잘났네, 못났네 다투기도 하고 맞네, 틀리네, 이단이네, 아니네 서로의 교회에 대한 험담을 하기도 하였다. 얕은 신앙교리로 말이다. 지금은 목사님이 되어 목회를 하는 친구가 있다. 군제대 후 복학을 하기 전 그 친구 집에 놀러도 가고, 우리 집에 자주 놀러오기도 하며 서로의 고민과 장래에 대한 생각들을 나누며 이야기하던 중 예수님을 어떻게 영접하였는지를 내게 물었는데, 질문도 낯설고, 용어도 천주교 용어가 아니어서, 영접? 그냥 나는 엄마 뱃속에서부터 다녔어. 학교 다니듯이 성당 다닌 거야, 라고 답했던 기억이 있다.

또 한 번은 성당에서 미사를 보고 있는데, 울음소리가 들려서 놀랐던 기억이 있다. 아니 성당에 기도하러 와서 왜 울고 있는지 이해할 수 없었다. 그리고 울려거든 밖에 나가서 조용히 혼자 울던가 해야지 여러 사람들이 있는 데서 울고 그래? 아마존 원주민에게 수레(리어카)에 대한 이야기를 하면 그것이 왜 필요하냐고 한단다. 거추장스럽게 그것을 왜 들고 다니느냐고. 종교도 마찬가지이다. 수레가 있으면 물건을 담아 이동하는 데 힘들이지 않고 옮길 수 있다. 수레를 이용하는 이유이다. 인생을 살아가는 데 있어서 종교는 수레인 것이다. 종교가 수레의 역할을 하는 것이다. 수레를 이고 다니면 짐이 되겠지만, 끌든지 밀든지 하여야 하듯, 종교도 이고 다니지 말고, 신앙도 믿음도 끌든지, 밀든지 하여야 한다. 종교를 자신의 인생에 필요한 도구로 잘 활용하는 지혜가 필요하다.

 내 마음의 영성 노트·오늘의 묵상글

모든 사람이 영혼을 가지고 있소. 그리고 이것이 사람을 동물과 구별 짓는 것이오. 당신은 말이나 새나 물고기와 비슷했으면 좋겠소? 죽은 다음에는 썩은 물건에 지나지 않을 육체만이 되었으면 좋겠느냐 말이오. 자, 그러니까 당신을 사람이 되게 하는 것은 영혼이란 말이오. 영혼이 없으면 당신은 말을 할 줄 아는 동물 이외에 아무것도 아닐 것이오. 영혼은 물질로 되어 있지 않소. 영혼은 당신 안에 있소. 영혼은 세상을 창조하신 분에게서 오고, 육체가 죽은 다음에는 그분께로 돌아가오.

23

당신은 누구?
- 성경 속 등장하는 인물 중

성경 속 등장하는 수많은 인물 중 당신은 누구라고 생각하는가? 누구와 닮았다고 생각하는가? 성경을 읽어보지 않은 사람은 없을 것이다. 읽지 않았다 하더라도 예수님을 모르는 사람은 없을 것이다. 설령 모르는 이가 있다면, 예수님을 모르는 이가 과연 문명인일까? 아마도 예수님을 모르는 이는 자연인 자체(문명과는 담을 쌓은 아마존 원시인)이지 않을까?

우리가 현재 사용하는 달력, 서기 2024년이라 정한 것도 예수님의 등장과 함께 기원전(BC, Before Christ, 예수 이전), 기원후(AD, Anno Domini, 주님의 해)로 나뉘어지니 그분의 등장과 사라짐이 있은 이후, 수세기에 걸쳐 지금까지 인류 역사에 지대한 영향을 준 것임에는 틀림없다.

성경 속 수많은 인물! 예수님을 중심으로 예수님을 따랐던 제자, 군중, 정치인, 종교인 등 지금을 살고 있는 시대와 별반 차이 없는 각계각층의 사람들이 나타난다. 나름대로 각자의 목적을 갖고 예수님께 접근한 사람들이 있을 것이고, 그저 살아가기 바빠서 신경도 안 쓰고 무관심으로 지나친 사람들도 있을 것이고 다양할 것이다. 당신은 누구였는가? 라고 내게 묻는다면 예수님께서 예루살렘 입성 시 타고 들어온 '나귀를 내어준 사람'이라 답하겠다.

그들이 예루살렘에 가까이 이르러 올리브산 벳파게에 다다랐을 때 예수님께서 제자 둘을 보내며 말씀하셨다. "너희 맞은쪽 동네로 가거라. 매여 있는 암나귀와 그 곁의 어린 나귀를 곧바로 보게 될 것이다. 그것들을 풀어 나에게 끌고 오너라. 누가 너희에게 무어라고 하거든, '주님께서 필요하시답니다'라고 대답하여라. 그러면 그것들을 곧 보내줄 것이다" (마태복음 21장 1~4절)

예수님은 사상가로서 이 세상에 오신 게 아니다. 구원자 메시아로 오셔서 2,000년이 지난 지금도 보이지 않는 현존으로, 우리의 영혼 구원을 위해 활동하고 계시고, 하느님의 영으로 택함을 받아 깨달음을 얻은 이들은, 그분의 도구로 쓰여지도록 자신의 모든 것을 내어주어야 한다. 언제, 어디서, 어떻게 쓰여질지 모른다 하더라도 항상 깨어 준비하고, 육신의 짧은 생명이 끝나는, 세상살이의 여행이 끝나게 된 후, 영혼은 주인이신 그분께 돌아간다는 것을 명심하고 믿고 따라야 한다. (내가 한다고, 되고 싶다고 되는 것도 아니다. 그분의 선택이 있어야 된다. 그래서 오랜 기간, 평생 동안의 수행이 필요한 것이다)

가톨릭은 계시종교이다. 계시종교와 자연종교의 차이를 알고 있는가? 계시종교는 하느님이 나타나 계시하여 알려준 것을 믿고 따르는 것을 말하고, 자연종교는 자연의 것들을 믿는 것을 말한다. 하느님이 만든 것(영적인 것)을 믿느냐, 자연물(태양, 달, 별, 나무, 하늘, 소 등)을 믿느냐의 차이다.

흔히들, 종교도 사람이 만들었다고 한다. 그렇다! 맞는 말이다. 하지만 계시종교의 깊이를 알게 되면 사람이 만들도록 그 사람에게 나타나 계시하신 분이 있다는 것을 알게 된다면 사람을 통해 종교가 만들어진 것임도 이해하게 될 것이다.

태양을 보고 태양 자체를 신으로 숭배하는 것과 태양을 보고 태양을 만든 이를 신으로 믿는 것은 확연한 차이가 있는 것처럼 말이다. 작품을 보고 작품을 만든 이를 칭송하는 게 맞지 않은가? 성경 속 등장하는 인물 중 당신은 누구였는가? 예수님께서 예루살렘 입성 시 타고 들어온 '나귀를 내어준 사람'이라 답하겠다.

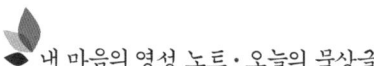 내 마음의 영성 노트 · 오늘의 묵상글

> 그렇다고 사람이 더 행복하지는 않을 것이다. 그것은 선보다는 아는 게 더 능란하겠기 때문이다. 그러나 진보는 할 것이다. 세상은 구원받기를 원치 않는다. 세상은 천에 하나의 비율로 나를 알고자 할 것이고, 또 만에 하나의 비율로 실제로 나를 따를 것이다. 이것마저도 과장해서 말하는 것이다. 나는 내 친구들에게조차 알려지지 않을 터이니까 말이다.

24

인생이 연극이라면?

　연극은 작가의 각본대로 배우가 실제처럼 무대에서 연기하는 것을 말한다. 등장인물의 배역을 정하고, 정하여진 대로 대사를 읽고 자신의 역할을 하면 된다. 인생은 연극이다. 영유아기인 아이 때부터 노년의 80~90세 된 할아버지까지 인생의 무대에서 삶을 살아가는 우리 모두는, 연극에 등장하는 배우처럼 나이에 맞는 역할을 하며, 자신 스스로 배역을 정하고, 정해진 역할의 대사와 동작을 구사해야 하며, 새로운 막이 열리면 또 다른 역할로 관객에게 보여주는, 관객은 함께 연극에 참여하는 서로의 배우들인 가족, 친지, 직장, 사회의 모든 인물들일 것이다.

　이때, 중요한 것은 어떠한 역할을 하든, 자기가 정하고 맡아 하는 배역의 주인공은 자기 자신이며, 대사도 스스로 쓰고 읽어야 한다는 사실이다. 스포트 라이트는 내가 받는다는 것! 조명의 중심이 내게 특히 밝게 비춰지는 것이다. 내가 지나가는 행인 1을 하던, 버스 운전기사를 하던, 식당의 사장님을 하던 항상 조명은 나를 따라다니며, 나를 비추고 있다. 주인공이기에 그렇다. 배역에 맞는 복장을 갖추고 대사를 하며, 자신의 역할을 하여야 한다. 설령 그 배역이 하고 싶지 않다면 얼마든지 다른 배역으로 바꿀 수 있다. 하지만, 당신은 주인공이다. 이야기가 매끄럽게 진행되도록 배역을 변경할 타이밍을 기다리고 준비하여야 한다.

나의 역할은 광택 전문점을 운영하는 사장이다. 아내가 있고, 아들과 딸아이가 있으며, 아침 일찍 일어나 뜨거운 물 한 잔(이게 건강에 좋다고 함)을 마시며, 책을 펴내기 위해 글을 쓰고, 하루의 시작을 반려견 덕구와 단추랑 함께 산책으로 시작하는, 일할 때는 음악을 틀어놓고 즐겨듣는 노래들로 흥을 돋우며, 쉬고 싶을 때 쉬고, 일하고 싶으면 일하고, 작업의 템포를 맞추어 정해진 시간에 마무리되도록 진도를 맞춘다. 커피가 땡기면 커피(뜨아 or 믹스)를 마시고, 배가 고프면 밥을 먹고, 오후 늦은 시간 마무리되면 저녁 산책을 잠깐 반려견들과 함께 다녀오고, 저녁 먹고, 취침하는 게 보통의 하루일과이다. 일터를 놀이터로, 일을 놀이로 만드는 마법을 부린다.

또 한 가지 내가 하고 싶은 배역은 동기부여 강사이다. 배역은 내가 정하였다. 그렇다고, 당장 내가 하고 싶다고 강사 역할을 할 수는 없기에 준비하고 기다리고 있다. 현재의 역할을 이어가다가 기회를 엿봐야 할 것이다. 연기력을 향상시켜 연출자의 눈에, 작가의 눈에 띄게 하여야 할 것이다. 혹시 아는가? 그들이 나를 하루 아침에 거지에서 왕으로 둔갑을 시킬지 말이다.

당신이 지금 하고 있는 배역은 무엇인가? 맘에 안 드는가? 그렇다면, 하고 싶은 배역은 무엇인가? 잊지 말아야 할 것은 당신이 어떤 배역의 역할을 하든, 지금의 역할이든, 하고 싶은 역할이든 주인공은 바로 당신, 자기 자신이라는 것이다. 무엇을 하든, 어떤 역할을 하든 명심하라! 주인공이라는 것을! 주인공은 절대 죽지 않는다. 그리고 인생이라는 연극은 1회 공연으로 재공연은 없다. 녹화방송은 없다.

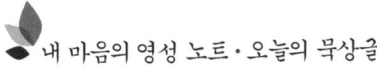
내 마음의 영성 노트·오늘의 묵상글

| 은총은 사람들의 마음이 알지 못하는 사이에도 작용합니다. |

25

토황소격문
- 책사

최치원의 '토황소격문'은 당나라 말 남의 나라 민란 진압에 참여한 신라인이 쓴 최고의 명문장을 말한다. 글의 힘으로 항복을 유도하는 "文문은 武무보다 강하다"라고 하지 않았던가? 심리전으로 적군의 사기를 떨어뜨리기 위해 삐라를 뿌린다거나 확성기로 방송을 한다거나 하는 전술 중 하나일 것이다.

삼국지에 등장하는 인물 중 조조를 알고 있다. 조조의 주변 인물 중 전쟁터에서 적군과 상대하여 전투에 직접적으로 임하는 무인들도 있었다. 하지만, 조조의 문인에 대한 예우는 대단하였는데, 유능한 문필가 한 명의 훌륭한 필력은, 적군 10만을 대적할 정도의 힘을 발휘하고, 아군의 사기를 높여 전쟁을 승리로 이끌어준다는 것이다. 장수가 출병 전 마음가짐을 왕에게 올린다는 출사표 또한 자신의 결의에 찬 심정을 글로 표현하여 결의를 나타내는 것이다.

 이와 같이 생사를 오가는 전쟁터에서뿐만 아니라, 지금의 오늘을 살아가는 우리들 또한, 매일매일의 삶속에서 자신의 출사표를 적어보고, 마음을 다짐하며, 의기충천하게 현실의 어려움을 해결해 나간다면 이루지 못할 일들이 무엇이 있겠는가? 자신의 나태하고 무기력한 마음속 장애물을 제거하는 출사표를 자신에게 던져보길 바란다.

 이렇게 말이다. 내가 하지 못할 이유가 무엇인가? 기꺼이 행동하여 조금씩, 차곡차곡 전진하여 꼭 달성하겠다. 무리하지 않고 한 걸음씩 실현 가능한 계획을 작성하고, 행동으로 실천하여 목표를 이루겠다. 하지 않아서 안 된 것이지 못하여서 안 된 것이 아니다. 될 때까지, 되는 방법으로 못할 이유로 변명하지 말고, 하지 않으면 안 되는 이유로 자신을 세뇌하라. 당신 안에는 유능한 자신의 책사가 있음을 명심하고 작전을 잘 짜라!

◆ 내 마음의 영성 노트·오늘의 묵상글

> 자비로운 사람이 되어라. 비위를 거스르는 사람을 참아 견디는 것은 가치가 없지 않은 덕행이다. 그 덕행을 닦아라.

26

바쁠 때 부지런함은
더 활성화된다

바쁠 때 부지런함은 더 활성화된다. 나태해지기 시작하면 점점 더 나태함으로 빠져든다. 앉으면 눕고 싶고, 말 타면 종 부리고 싶다고, 지나친 편안함과 안락함은 성장과 발전에 방해가 된다. 약간의 긴장과 배고픔은 두뇌의 생존본능을 자극하여 방법과 개선점을 찾아 결과를 만들어가는 데 집중하게 될 것이다.

문명을 발전시킨 인류를 보자. 사계절이 뚜렷한 온대지방의 인류가 열대지방의 인류보다 생존을 위해 환경을 극복하고, 자연에 적응하기 위한 노력으로 문명을 태동하고 발전시켜 오늘에 이르렀다고 본다. 열대지방의 자연적 풍요로움의 환경에서는 굳이 자연을 극복하고 생존을 위한 투쟁이 필요치 않았고, 의식주가 자연에서 해결되었기에 풍요로움이 주는 편안함으로 극복하거나, 도전하거나, 모험할 필요가 없었을 것이지만, 온대지방은 봄에 씨를 뿌리지 않고, 여름에 땀을 흘리지 않으면, 가을에 수확할 아무것도 없을 것이기에, 겨울을 추위와 배고픔과 지내야 할 것이다. 그러니 봄과 여름에 가을과 겨울을 대비하여 할 일을 하고, 방법을 개선하고, 방법을 찾는 것은 각자 개인의 인생에서도 똑같이 적용할 수 있는 것이다.

달리는 말에 채찍질한다고, 시간관리의 중요성을 파악하고 시간을 쪼개어, 자투리 시간도 허투루 낭비하지 말고 잘 활용하여 사용해보자. 바쁠 때 부지런함을 더 활성화하라. 모든 것은 마음먹기에 달렸으니까. 마음이 한다. 몸은 거둘 뿐이다.

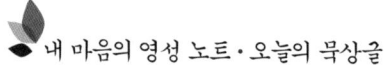
내 마음의 영성 노트 · 오늘의 묵상글

주님을 두려워하고 그분께 복종하는 것만을 기뻐하는 사람은 복되도다.

좌우명
- 마음 다짐의 글귀

    좌우명은 인생을 바꾼다. 삶을 살아오면서 나름 각자에게 동기 부여를 하기 위해 인생의 좌우명을 걸어놓곤 한다. 마음에 새기는 글 정도로 늘 자리 옆에 갖추어두고 생활의 지침으로 삼는 말이나 문구이다. 고등학교 때는 "늘 생각하자"가 마음에 새기는 글이었다. 그리고 "인생에 있어서 가장 중요한 것은 자기 자신을 발견하는 것이다"(난센) 이것이 40여 년을 마음에 새긴 나의 좌우명이다. 이 글은 우연히 어떤 엽서의 뒷면에 조그맣게 써져 있는 글귀를 보았고, 마음에 와닿길래 그것을 적어놓았다가 꺼내보았는데 내게 주는 자신의 질문 같아서 좌우명으로 생각하는 글귀가 된 것이다.

    직장에 취직하기 위해서는 이력서를 쓰고, 자기소개서를 쓴다. 그곳에 좌우명을 적어 자신의 생각을 드러내는 포부나 어떻게 살겠다, 라는 각오 등을 나타낼 때가 있다. 좋은 글과 마음에 새기는 글은 널리고 널렸다. 그것을 모두 읽고 쓰더라도 한 생이 다 가고도 남을 것이다. 중요한 것은 자신에게 맞는, 자신의 발전과 삶의 이정표로 삼을 깃발과 같은 함축적이고, 명확한 글로 늘 마음속에 간직할 좌우명을 선택하여 마음속 깊이에 새겨넣으면 될 것이다. 그러다가 더 좋은 글이나 느낌이 오는 글이 있으면 메모하여 기억하도록 하는 습관을 갖고 살아가면서 나를 돌아보고 내일을 계획하는 동기부여의 글이면 좋을 것이다.

"나의 현재는 나의 미래에 축적되어 중대한 영향을 준다" 이 글귀도 항상 마음에 넣고 다짐의 글로 되뇌이던 글이다. 당신의 좌우명은 무엇인가?

28

집 짓는 자들
내버렸던 그 돌이

"집 짓는 이들이 내버린 돌, 그 돌이 모퉁이의 머릿돌이 되었네. 이는 주님께서 이루신 일. 우리 눈에 놀랍기만 하네"(시편 118, 22~23절) 낮은 곳에 임하시는 하느님의 섭리가 이 구절에서도 여실히 나타납니다. 사람의 눈으로는 잘나고 똑똑하고 학식 있고 높은 지위의 사람이 우러러 보이고, 하느님 일을 하는 사람으로 보여지겠지만 하느님의 눈에는 하느님의 도구로 쓰여지는 사람은 상식을 벗어난 의외의 인물이 하느님의 도구로 쓰여지고, 하느님의 뜻을 세상에 드러내는 예언자의 역할을 하게 되는 것입니다.

골리앗과 싸워 이긴 다윗왕이 그러하고요. 모세를 이집트의 종살이에서 이스라엘 민족을 탈출시키는 도구로 쓰신 것도 그러하고요. 물고기를 잡는 어부로 살던 베드로를 사람을 낚는 어부로 만드신 것도 그러하고요. 하느님의 섭리하심은 실로 놀랍기만 하지요. 세상에는 수많은 사람들이 살고 있습니다. 존재하는 모든 것은 존재의 이유가 있다고 합니다. 세상의 삶은 귀양살이하는 삶이라고 합니다. 귀양살이의 삶이 너무 즐거워서야 되겠습니까? 존재의 이유를 찾아보시기 바랍니다.

찰나의 삶을 살아가는 우리네 인생의 종착점에 다다른 세상살이는 결국 어디로 가는 것일까요? 죽음 이후의 삶은 어떤 것일까요? 덧없는 인생 어떻게 살아가야 하는 것일까요? 답이 없는 질문들입니다. 하지만, 믿음은 우리를 새로운 영적인 삶이 우리를 기다리고 있다고 안내하지요. 그렇게 믿고 있고요. 영생의 길을 얻기 위한 세상 삶의 여정을 고난의 길로, 뉘우치는 삶으로 살아가야 할 것입니다. 그것이 행복하게 살아가는 길입니다. "우리가 자랑할 것은 세상에서의 부귀영화가 아니라 주님의 십자가이어야 합니다"

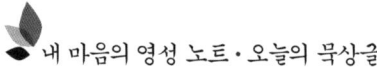
내 마음의 영성 노트 · 오늘의 묵상글

판단하지 말아라. 판단하시는 것은 하느님의 일이다.

이데올로기Ideologie가 필요한가?

　이데올로기 교육! 이념교육, 사상교육을 우리는 알게 모르게 접하고 배웠다. 부모로부터, 사회로부터 배웠으며, 또래 간 선후배 간 준거집단에서 체득한 관념체계가 성장하며 나타나고, 그러한 이념의 차이가 정치, 종교, 지연, 학연의 갈등 양상으로 나타날 때 이념갈등이라는 것으로 표출되어지며, 가족 구성원 간의 세대차이, 동료들 간의 생각의 차이 등으로 나타나게 되고, 그것이 단체 간 이익집단 간의 충돌로 나타나게 되는 경우 사회적인 혼란이 야기될 수 있다.

　초등학교 시절 우리는 이념교육을 받았다. 그것이 이념교육인지도 모르고 나중에야 깨닫게 되었지만 국민교육헌장이라든지, 새마을교육이라든지, 조기청소, 국기에 대한 경례 등 체제를 유지하기 위해 집권자들은 국민계몽운동이라는 미명 하에 국민의 인권과 생각할 수 있는 자유를 억압하고 통제하고 길들여왔던 것이 사실이다. 남과 북의 상황을 이용하여 소위 안보팔이로 국민 여론을 조성하였던 것도 같은 맥락이다. 이러한 이념갈등으로 남과 북은 갈라지고 형제지간에, 부자지간에 이념의 갈등으로 가족 간의 대립을 나타낸 영화들도 볼 수가 있다.

인간은 사회적 동물이다. 사회의 구성원으로 살아가고, 각자의 역할을 수행해 나간다. 그러기에 올바른 가치관과 국가관을 갖고 살아가도록 교육을 하여야 하고 받아야 한다. 하지만 그것이 통제와 체제 유지라는 이름으로 개인의 인권을 유린하고 억압하며, 자유를 탄압하고 통제한다거나 교육현장에서 왜곡되어 역사를 가르친다면 잘못된 것임에 틀림없다. 언론, 출판, 사상의 자유가 필요한 이유이다. 통치수단으로 변질되어 가는 이데올로기 교육에 앞서 이념과 사상의 자유, 이성과 지성, 사색의 자유가 필요하다 할 것이다.

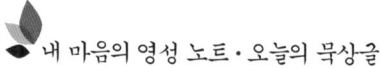
내 마음의 영성 노트·오늘의 묵상글

| 목자는 나이고, 너는 양들을 내게로 데려오는 목자의 지팡이이다.

묵상默想, Meditation

묵상은 소리를 내지 않고 마음속으로 기도하거나 깊이 명상하는(숙고하고 성찰하는) 행위를 말한다. 영어 'Meditation'은 라틴어 '메디켈루스'라는 말에서 유래한 단어로, '약Medicine'이란 말과 같은 어원을 지녔다. 즉, 약이 몸 안으로 들어와 온몸에 퍼져 약효를 나타내듯이, 묵상이란 어떤 한 생각이나 주제가 사람의 내면(속마음)으로 들어가서 영향을 미치는 것을 말한다.

묵상의 방법 중에 하나는, 특정한 성경적 주제에 관해 영적 통찰력을 깊게 하고, 그에 따라 자신의 전인격과 삶을 깊이 반성하고 성찰하는 것이다. 오늘날 많은 이가 QTQuiet Time를 통해 매일 묵상하곤 한다. 이러한 묵상은 영적인 갱신, 정신적인 재충전, 하나님과의 건강한 교제를 가능케 한다. (욥 15:4, 시 77:3, 6)

묵상은 정신적인 자기 에너지를 소비하는 것이다. 육체적인 에너지를 소비하는 헬스처럼 말이다. 근육을 단련하기 위해 필요한 운동을 하듯이, 정신적인 운동인 묵상, 명상, 성찰 등은 깊이 있는 생각과 어떤 영적인 에너지로 힐링이 될 수 있는 내면을 성장시키는 역할을 한다.

성당에서는 피정이라는 게 있다. 세상과 잠시 떨어져 프로그램에 의한 성찰과 묵상의 시간을 갖는 훈련을 말한다. 수도자들은 매일 정해진 시간에 교회의 공적이고, 공동체적인 기도로서 하느님을 찬미하는 기도를 바치는 데 이를 성무일도라고 한다. 템플스테이를 경험한 적이 있는데 승려분들의 새벽 4시에 하는 예불과 108배를 드리며 하루일과를 시작하는 것을 체험하였다. 그것을 매일 한다고 하니 불자의 수행이 쉬운 일인 것만은 아닌 듯하다.

이렇게 영적인 성장도 자기 노력이 필요한 것으로 한두 번의 경험으로 깨달음을 얻어 득도하길 바란다면 어리석은 생각일 것이다. 십수 년의 수행을 거쳐 쌓아놓은 영적인 공든 탑도, 인간의 탐욕과 욕망의 달콤함으로 일순간에 무너지고 망가질 수 있음을 명심하는 것이 수행자로서 마음가짐의 자세일 것인데, 하물며 범부의 깨달음이 그와 견줄 만하겠는가! 매일매일이 무너지고 자빠지는 생각일진대, 그렇다 하더라도 다시 일어나 마음을 추슬러 성찰과 뉘우침의 시간을 갖고, 자주 묵상하고 꾸준히 명상하여, 자신의 삶을 긍정적인 에너지로 소비할 수 있는 시간이 되도록 마음가짐을 늘 새롭게 하여야 할 것이다. 매일 세수하고 양치질하듯, 마음을 닦아보자.

🍃 내 마음의 영성 노트 · 오늘의 묵상글

> 순교는 고통의 형태에 있는 것이 아니라, 순교자가 형벌을 참아 받는 꾸준함에 있는 것이다.

31

분노조절 장애와
나무로 만든 닭, 목계木鷄

　분노의 에너지를 긍정에 쏟아부어라. 성격이 유해서 이래도 좋고, 저래도 좋은 것은 자영업을 하기에는 부적절한 것을 안다. 매사를 희망적인 생각만으로 접근하다 보니 무엇이든 혼자 생각에 실패는 없는 답으로 도출되었다. 모든 이가 망할 거라 예측해도 나는 망하지 않는다는 고집으로 배짱이 이만저만한 게 아니었다. 그것이 가장 큰 결함이며 단점이다. 너무 희망적이라는 것! 냉철한 자기 관찰이 부족하다는 것! 객관적으로 자신의 처지를 바라보아야 하는데 뭘 믿고 저래 까부는지 도무지 이해가 안 되는 부류의 자신이다.

　살아오면서 부모나 가족, 친구들과 사회에서의 직장 동료들과 고객과의 사이에서 크고 작은 다툼이나 의견충돌 등으로 상대와 대립하거나 싸움을 한다. 물리적인 충돌의 경우는 돌이킬 수 없는 결과로 이어지기도 하고, 언어적인 폭력이라도 상대가 심각하게 받아들여 극단적인 선택을 하거나 마음속에 비수로 박혀 치유하기 힘든 마음속 병으로 남아 있게 된다. 마음속 병은 뉘우침의 눈물과 용서의 미소로 자신을 객관화하여 바라보고, 자신을 파멸로 이끌려는 내 안의 또 다른 자아를 들여다보고 인식하여 스스로의 행동을 통제하여 화를 누르고, 평온을 되찾아야 한다. 화를 내서 해결할 일이 아니다.

후회할 짓을 하지 않도록 마음관리를 잘해야 한다. 참을 인忍 자 셋이면 살인도 면한다, 라고 하지 않았나. 상황을 분노할 상황으로 만들지 않아야 하겠지만, 원인을 제공하지 않도록 하여야 하고, 불가피한 경우 피하도록 하여 시간을 갖고 분위기를 변화시켜야 한다.

반려견(단추와 덕구)을 키우고 있다. 단추는 폼피츠(포메라이안과 스피치의 믹스견)이고, 덕구는 진돗개 믹스견이다. 광택작업을 할 때는 항상 두 녀석을 작업실 안에서 목줄을 하지 않고 돌아다니도록 하였다. 외부에 반응하는 모습을 보면, 단추는 바람에 신문지가 날아가도, 박스가 날아가도, 사람이 지나가도 짖어댄다. 그러나 덕구는 네 발 달린 짐승과 우체부 아저씨 오토바이만 지나가면 난리를 치며, 등어리에 털이 쭈뼛하게 선다.

본능적인 행동으로 분노가 치밀어 올라 반응하는 것으로 분노 조절이 되지 않은 것으로 보이지만, 반응하는 정도나 대상이 단추와 덕구와는 서로 차이가 있다. 먹는 간식에 반응하는 것은 똑같지만, 분노하는 반응이 대상에 따라 서로 다르다. 개와 비교할 것은 아니라 하겠지만, 사람도 분노하는 대상의 차이, 상황의 차이는 있을 수 있겠다는 생각이다. 화를 내는 것, 분노하는 것은 왜 하는 것일까? 왜 화가 난다고 생각하는가?

잔잔한 내 마음의 평화를 깨거나, 상대가 내 감정에 상처를 주었을 때 화가 나고 분노하는 것이다. 내가 가지고 있는 것! 보이는 것이든, 보이지 않는 것이든 그 무엇을 상대가 빼앗으려 할 때 평화가 깨지는 것이다. 빼앗을 의도가 없었더라도, 빼앗길 것을 염려하고 걱정하여 엉뚱한 생각으로 분노가 치밀어 오르는 것이다. 걱정도 팔자라고 하지 않았던가!

목계木鷄는 나무로 만든 닭이라는 뜻이다. 목계의 어원은 싸움닭을 조련하라는 왕의 명령을 받아 닭을 훈련시키는데, 처음에는 닭만 봤다 하면 못 싸워서 안달이 난 닭이 훈련과정을 통해 싸우지 않고도 눈빛만으로도 상대를 제압하고 목계처럼 미동도 하지 않는 경지에 이르게 되었다는 이야기에서 나왔다. 분노장애를 조절하기 위해서는 목계의 경지에 이르도록 자신의 마음을 수행하여야 할 것이다. 이겨야 할 상대인지, 대들어야 할 상황인지를 판단하고, 어떠한 상황이 오더라도 마음과 감정을 다스리고 훈련하여 나무로 만든 닭인 양 분노하지 않는, 싸우지 않고도 이기는 목계처럼 반응하여야 할 것이다. 말과 생각 그리고 행동은 그로 인한 결과를 초래하며, 이는 인생 전반에 걸쳐 우리를 따라 다닌다. 분노는 상황만 악화시킬 뿐이다. 상대를 이긴다기보다 자신 안의 나쁜 자아를 이겨야 하는 것이다.

 내 마음의 영성 노트 · 오늘의 묵상글

> 영혼에는 한 가지 사랑밖에 없습니다. 그것은 하느님이십니다. 하느님 사랑의 자극을 받는 이런 영혼들은 사랑을 찾아다닙니다. 그 영혼들은 자기들 안에 빛을 가지기를 원하기만 하면 참사랑을 신랑으로 맞이할 것입니다. 그런데 그 영혼들은 병자들처럼 더듬거리며 사랑을 찾아다녀서, 사람들이 사랑이라는 이름을 붙여준 모든 사랑, 혐오감을 주는 모든 것을 만납니다. 그러나 참된 사랑은 얻어 만나지 못합니다. 참사랑은 하느님이시지, 황금이나 쾌락이나 권력이 아니기 때문입니다.

32

시골쥐 서울 가다

　서울을 처음 간 것은 초등학교 때이며, 아버지와 누나, 동생과 함께 남산 팔각정에 올라갔던 기억이 있다. 중, 고교 때 두세 번 방학 때면 신림동 서울 작은아버지 댁에 놀러갔다. 진천에서 버스를 타고 용산터미널에 내려 신림동 가는 시내버스로 갈아타고 가다 보면 서울대 방향 관악산에서 흘러 내려오는 개천이 나온다. 그곳의 중간 어디쯤에 내려 산 중턱의 언덕을 넘고 한참을 걸어가면 서울 작은아버지 집이 나온다. 공중화장실이 있는 동네! AFKN 미국방송이 나오는 곳! 사촌들과 어울려 놀던 시절, 형편이 어렵고 살아가는 것에 대한 고민은 어른들의 문제이었지, 서울 놀러온 아이들의 겨울방학 생활은 즐거운 추억뿐이었다. 여름방학이면 서울 작은집의 사촌들이 시골 진천 큰집으로 놀러온다.

　옷가게를 하시는 아버지는 물건을 서울 평화시장에서 구입해

오셨다. 가끔 물건을 하러 서울을 가신다고 아침 일찍 집에서 진지를 잡수시고 빅매치의 운동경기 결승시합을 앞둔 선수처럼 서울 갈 채비를 하시는 모습은 비장한 각오로 거사를 치르는 투사가 집을 떠나는 모습으로 비춰 보였다. 그리고 가장 중요한 물건 구입자금은 긴 목양말 안쪽에 돈을 넣어 준비를 마무리하신 후 일어서신다.

시골쥐 서울살이는 경복궁 내에 있는 저작권심의조정위원회에서 저작권법 교육을 받을 때 경복궁을 교육 기간 동안(1993년 4~6월) 드나들곤 하였고, 광화문에 있는 세종문화회관에서 동생이 출연하는 명성황후 뮤지컬 공연도 관람하였다. 또한, 결혼하여 신혼여행 전날 조선호텔 1001호에서 숙박하고 김포공항으로 출발하였는데, 조선호텔은 '최초의 아이스크림' '최초의 엘리베이터' '최초의 댄스파티' 등 한국 서구문화의 근원뿐 아니라 수많은 '한국 최초'의 신화를 남기며 일제시대부터 근대, 현대에 이르기까지 한국의 정치, 경제, 문화의 중심지가 되어온 곳이기도 하다.

서울생활을 4~5년 정도의 기간 동안 지내보았지만, 경험상 서울은 늘 분주한 시장통처럼 속도가 빠르다. 시골에서 느끼는 여유로움과 한가함을 찾아보기 어렵다. 모두가 바쁘게 살아가는 모습뿐이다. 서울을 떠나와 살고 있지만 일터였던 서울이 이제는 구경터로 언제나 서울은 구경하러 놀러가는 곳이 되었다. 명동의 칼

국수집, 광장시장의 빈대떡과 막걸리, 신림동 순대촌 등 여기저기 먹거리와 바글바글 사람으로 가득한 서울은 역동적이어서 복잡하다. 그래도 지나오고 거쳐간 옛날의 추억과 기억들이 있는 그곳은 미소가 가득하다. 오늘도 시골쥐는 서울로 구경 간다.

 내 마음의 영성 노트·오늘의 묵상글

> 너희들 자신에 대한 끊임없는 훈련의 일로 은총이 오는 것을 도와라. 그리고 비속한 사람들의 쓸데없는 관심사는 상관하지 말고 내버려두어라.

33

나 가고 없거든

"이 세상의 부모 마음 다 같은 마음~ 아들딸이 잘 되라고 행복하라고~" 아빠의 청춘이라는 노랫말 가사이다. 1995년 장인어른의 회갑잔치를 시골 동네 가든식당을 빌려 치렀는데, 그때 첫째를 임신한 아내와 함께 부른 노래이다. "원더풀 원더풀 아빠의 인생"을 불러 재꼈는데, 요즈음은 누가 회갑잔치를 하는가? 시대가 변화하기는 하였나 보다. 회갑잔치를 하는 경우가 없으니 말이다.

그로부터, 이제 한 세대가 지난다는 30년이 후딱 지나버렸다. 60년 인생 회갑이 되어버렸다. 잔치를 할 수도 없고, 무얼 내놓고 60살을 맞이해야 하나 하는 걱정 아닌 걱정을 하였다. 자신에게 내놓을 선물을 준비하기로 작정을 하였지만, 여행으로, 가족잔치로, 기념품으로 회갑잔치 기념행사를 치르기에는 무엇인가 좀 부족하고 평이하다는 생각으로 딱히 만족스럽지 않은 것이었고, 그래서 준비하기로 한 것이 책을 만들어보자는 것이었다.

　살면서 수많은 이별을 경험하였다. 스치는 인연으로 사람과 동물과 사물과 기억하는 인연들과 기억하지 못하는 인연들과 함께 이 시대를 살아왔고 사라질 것이다. 영과 육으로 생명을 받은 존재로 이 세상에 태어나 생로병사의 자연의 이치로 이제 삶을 마치고 자연으로 육은 자연에 에너지를 줄 것이며, 영은 육을 떠나 영의 세계로 내게 영을 주신 그분에게로 돌아갈 것이다.

　이제, 얼마 남지 않은 내 삶에 지나온 기억으로 뉘우치며 미소 짓고 명상을 한다. 강하다 생각하였지만, 한없이 약하고 무너지는 마음이다. 아쉬움을 뒤로하고 나 가고 없거든, 마음의 위안을 삼아라. '마음'이라는 책 한 권을 선물로 남기겠다.

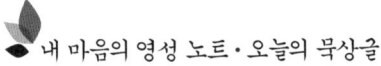
내 마음의 영성 노트·오늘의 묵상글

> 진리의 길로 오시오. 하느님의 목소리를 따르시오. 서로 사랑하시오. 그리고 정직하고 절제하고 겸손하고 의로운 사람이 되시오. 가서 곰곰이 생각하시오.

글을 마치며

　생각하고 기억하고 추억하는 것들을 정리하여 쓰고 싶다는 생각은 오래전부터 해오고 있었다. 바쁘다는 핑계와 막상 글을 쓰려고 하니, 그래도 책을 만드는 것인데, 어떻게 해야 하는지 일하며 머릿속 떠도는 생각들을 메모지에 적어놓고, 꾸준히 기억을 끄집어내 보았다. 대단히 큰 무대의 공연장에서 펼치는 공연을 하려고 한 것은 아니다.

　작은 동네, 그보다 더 작은 우리 집 안방에서 펼치는 아가들의 노래자랑, 장기자랑 정도로, 아니면 유치원 아이들의 학예회나 재롱잔치 정도로 생각한다. 경험도 없고, 글의 수준도, 깊이도, 필력도 없는 촌부의 살아온 인생에 자신의 생각과 주장을 남기는 마음으로, 나의 아들과 딸에게 남기는 글로 기억되길 바라며, 조각조각 이루어진 내 삶의 기억을 들여다보았고, 당신의 마음속에 아주 얕은 미소가 스며들면 그것으로 족하다.

　마음
　마음이 한다

마음 짓다
마음 먹다
마음이 편하다
마음이 좋다
마음먹기 나름이다
마음관리
마음고생

뉘우침, 뉘우침과 자기성찰로 자신을 돌아보고,
미소, 미소짓는 마음으로 현재의 일상을 대하고,
명상, 명상으로 내일을 다짐하는 마음가짐을 갖자.

마음에 평화가 스며든다. 미소와 명상은 자신을 돌아보는 성찰과 뉘우침을 수반해야 한다. 뉘우침 또한 미소와 명상을 동반하여 이루어질 때 비로소 마음은 평화로워진다. 뉘우침은 과거의 일들을, 미소는 현재, 명상은 미래의 자신을 들여다보는 통찰력을 만들어준다. 이 책을 읽은 이가 미소짓게 되었다면, 마음은 이미 평화를 얻은 것이다. 모두에게 스며들기 바란다. 마음에 평화가. 안녕~

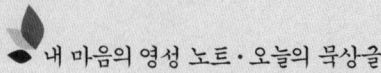
내 마음의 영성 노트 · 오늘의 묵상을

| "깨끗하여져라, 가거라, 그리고 속죄하여라" |